Mara

Bibliografische Informationen der Deutschen Bibliothek:
Die Deutsche Bibliothek verzeichnet diese Publikation in der Deutschen Nationalbibliografie; detaillierte Dateien sind im Internet über http://dnb.ddb.de abrufbar.

Impressum:

1. Auflage, September 2019
Autorin: Patricia Hemberger
Cover/Layout/Satz: Brigitte Winkler
Titelmotiv: Adobe Stock | © grandfailure
Lektorat: Anke Engelmann
Sprache: deutsch
ISBN: 978-3-95716-318-9
ISBN E-Book: 978-3-95716-298-4
www.verlag-kern.de

Patricia Hemberger

Mara

Eine wahre Geschichte

Kindheit

Wenn Mara mit ihrem verschmitzten Lächeln mir etwas erzählt, glaubt man kaum, dass sie schon über 70 Jahre ist. Sie ist eine lustige Rentnerin, vor allem dann, wenn sie auf Feste gehen kann, wo noch die Blasmusik aufspielt, alte Lieder aus den 60er Jahren gespielt werden und sie dazu, so klein und kräftig wie sie ist, ihre Hüften schwingen lässt. Sie ist ein fröhlicher Mensch und dennoch oft sehr traurig. Immer wieder fällt sie in ein tiefes Loch und verkriecht sich einige Tage, bevor sie wieder Kraft schöpfen kann, um aufs Neue auf die Welt da draußen zugehen zu können.
Wenn sie an langen dunklen Abenden über ihr Leben nachdenkt, kommen ihr oft Zweifel, ob sie nicht doch selbst an vielem schuld ist. Sie denkt in diesem Gedankenkarussell oft an ihre Mutter. Was wäre gewesen, wenn ihre Beziehung zu ihr besser verlaufen wäre? Hätte sie dann selbst ein glücklicheres Leben führen können? Diese Fragen stellt Mara sich Tag für Tag, Monat für Monat und Jahr für Jahr. Um eine Antwort zu finden, geht sie mit ihren Gedanken immer weit in die Vergangenheit zurück.
Maras Mutter Frieda Huber wurde 1916 im Bregenzerwald in Österreich geboren. Sie hatte insgesamt elf Geschwister. Es waren schwere Zeiten für diese Kinder. Auf den Höfen, deren Bewohner meist von Land- und Viehwirtschaft und der Herstellung von Käse lebten,

reichte das Essen oft nicht, alle Mäuler zu stopfen. So wurde auch einer der Brüder als sogenanntes Schwabenkind von Mai bis Oktober nach Deutschland ins baden-württembergische Schwaben geschickt, um dort auf anderen Bauernhöfen zu arbeiten. Der Vorteil war für die Eltern, dass ein Kind weniger zu füttern war und gleichzeitig Geld in die Haushaltskasse kam. Gut ging es diesen Kindern oft nicht. Man kann es heute vielleicht als altertümliche Leiharbeit bezeichnen und wir rümpfen auch die Nase, wenn wir von Kinderarbeit hören. Diese Kinder, die auch „Hütekinder" genannt wurden, mussten nach getaner Arbeit meist zu „Martini", dem Erntefest im November, zurück zu ihren Dörfern. Manche von ihnen sogar barfuß, wie Maras Onkel Bruno. Er hatte zwar neue Kleidung erhalten, wollte aber die guten Schuhe schonen und trug sie nur kurzzeitig. Diese abgearbeiteten, oft ausgehungerten Kinder mussten sich hunderte von Kilometer über schneebehangene Pässe durchkämpfen. Mara weiß noch von Erzählungen ihres Onkels, dass er den ganzen Sommer über panische Ängste hatte bei dem Gedanken, wieder zurück zu müssen. Manchmal hatte er so starkes Heimweh, dass er oft nächtelang wach lag und seine Augen morgens vor lauter Tränen aufgequollen waren. Morgens musste er schon um fünf Uhr die ersten Arbeiten im Kuhstall verrichten. Wenn er Glück hatte, erwischte er in einem Sommer einen gutmütigen Knecht, der ihm mit Worten statt mit Schlägen

Anweisungen erteilte. Der raue Ton gehörte zur Arbeit. Krank durfte ihr Onkel nicht sein. Auch wenn er mit Schüttelfrost im Stall stand und ihm die Schweißperlen über die Schläfen liefen, er hatte durchzuhalten. Maras Mutter dagegen hatte Glück, so spät auf die Welt gekommen zu sein. Sie musste diese Strapazen zumindest nicht mehr über sich ergehen lassen. Eine bessere Zukunft war ihr allerdings auch nicht bestimmt.

Als sie 14 Jahre alt war, wurde sie von ihren Eltern auf einen Bauernhof in Alberweiler geschickt. Sie musste dort als Magd überall zur Hand gehen. Die Familie hatte bereits zwei Kinder, und die Bäuerin war sehr gut zu ihr. Der Bauer selbst hatte sich nach kurzer Zeit in das zierliche Mädel verguckt und stellte ihr ständig nach. Sie war ja eigentlich noch ein Kind, und sie hatte große Angst vor diesem kräftigen Mann. Doch sie konnte sich nicht aus dieser Abhängigkeit lösen. Maras Mutter hatte Arbeit und konnte ihre Familie daheim mit dem Lohn unterstützen, doch der Preis, den sie dafür zahlen musste, ließ ihre Kindheit in tausend Scherben zerbrechen.

Als das Mädchen nach einiger Zeit zurück in ihr Heimatdorf zurückkehren konnte, war sie erleichtert, dass sie den Bauernhof in Alberweiler aus ihren Gedanken streichen konnte. Kurze Zeit später jedoch holte sie der Bauer persönlich zurück, und das Spiel ging von vorne los, so lange, bis sie schwanger wurde. Mara kam im Dezember 1945 in Ochsenhausen zur Welt.

Mara lächelt verschmitzt, als sie mir von der Nacht erzählt, in der sie zur Welt kam. Auf einem Karren wurde ihre hochschwangere Mutter auf holprigen Wegen zur Entbindung transportiert. Mara ist fest davon überzeugt, dass sie dadurch Rhythmus im Blut hat. Das Hin- und Hergewackel hat ihr das Talent fürs Tanzen sozusagen in die Wiege gelegt. Mara gluckst richtig mit ihrem Lachen.

Da muss man automatisch mit einstimmen, ob man will oder nicht. Ich frage Mara, wo Ochsenhausen liegt. Wie ein Blitz antwortet sie: „Was, des känscht du net?" Der Ort liege an der Hauptroute der oberschwäbischen Barockstraße, belehrt sie mich. Gut, vom Schwabenland weiß ich nicht viel. Außer Rezepte vom berühmten Fernsehkoch für schwäbische Spätzle und Maultaschen kenne ich nicht viel. Jetzt weiß ich es besser: Ochsenhausen gehört zum Kreis Biberach an der Riß. Biberach habe ich schon gehört, also muss ich mich nicht ganz so schämen.
Warum ich Mara heute gegenüber sitze? Das hat mehrere Gründe. Zum einen habe ich sie vor langer Zeit in einem Strickkreis kennengelernt. Irgendwann war sie da und ich glaube, es war eine Art Vorbestimmung! Unsere Wege sollten sich einfach kreuzen.
Vor einigen Wochen hat sie mir erzählt, dass ihr größter Wunsch wäre, ein Buch über ihr Leben zu schreiben. Zunächst hat sie dabei richtig herumgedruckst,

als hätte sie Angst, ausgelacht zu werden. Ich hatte das Gefühl, es steckten noch andere, viel schlimmere Ängste dahinter. Ich habe spontan gesagt, ich mache das. Wir saßen an diesem Tag in ihrem geschmackvoll eingerichteten Wohnzimmer.

Kaum hatte ich das mit dem Buch ausgesprochen, ging sie an ihre Kommode und holte etwas Orangefarbenes aus der Lade heraus. Ihr Tagebuch, wie sie mich gleich aufklärte. „Wie, dein Tagebuch?“, fragte ich sie. „Ich soll es allen Ernstes lesen?“ Ich konnte das in diesem Moment kaum fassen. Tatsächlich, Mara hat mir ihre geheimsten Gedanken anvertraut. „Mach was draus!“ sagte sie zu mir. Ich nahm das kleine Buch mit nach Hause und ließ es erst einmal einige Tage liegen. Zu geschockt war ich noch von diesem Vertrauensvorschuss. Hatte ich doch den Spiegel ihrer Seele in Händen.

Nach einigen Tagen, es war Wochenende, ließ es mir keine Ruhe mehr. Ich holte das Buch hervor. Es war gar nicht so einfach, es zu öffnen. Mara hatte Unmengen von Tesafilm um das kleine Vorhängeschloss des Buches geklebt, als hätte sie Angst, es könnte von irgendjemand gelesen werden. So konnte sie auch feststellen, ob sich jemand an dem Buch zu schaffen gemacht hatte.

Warum sie zu solchen Mittel greifen musste, erzähle ich später. Endlich hatte ich nun die Streifen gelöst. Ich konnte meine Erregung fast nicht mehr aushalten. Der

winzige Schlüssel passte in das kleine Schloss, und mit einem kleinen Klicken war das Buch geöffnet.
Ich sah die schöne Handschrift und dachte, Mara hat bestimmt in der Schule Lob dafür erhalten. Nachdem ich einige Seiten von ihrem Tagebuch gelesen hatte, verstand ich ihre Gedanken und Gefühle. Von diesen Zeilen ging ein Hilfeschrei aus. Mara sucht heute noch nach Antworten auf all ihre Fragen. Warum bekam sie als Kind keine Zuneigung von ihrer Mutter? Warum spürte sie immer diese Ablehnung? War ihre Mutter selbst enttäuscht vom Leben? Was war das für eine Beziehung zwischen ihrer Mutter und ihrem Vater? Warum gab es nie ein klärendes Gespräch mit ihrer Mutter?

All diese Fragen schwirren Mara durch den Kopf. Sie liegt oft nächtelang wach und sieht sich als kleines Kind auf dem Bauernhof in Alberweiler. Mara war ein sehr lebhaftes Kind. Hätte man nicht gewusst, dass sie ein Mädchen war, wäre sie glatt als Bursche durchgegangen. Sie hatte keine Angst vor hohen Bäumen oder großen Tieren und sie sprudelte vor Temperament.
So wuchs sie mitten in der Bauernfamilie auf. Die Frau des Bauern ließ sie mit ihren Kindern spielen und toben, wobei es natürlich für Mara auch Pflicht war, immer zur Hand zu gehen. Sie war oft mit im Stall bei den Kühen, Sauen, Hühnern und Pferden. Maras Mutter hingegen hatte nicht viel Interesse an ihr. Sie ließ

ihre schlechte Laune oft an ihr aus. Hatte Mara etwas ausgefressen, sperrte sie sie stundenlang in den Entenstall, bis sie eines Tages fast an den giftigen Dämpfen im Stall erstickt wäre. Es war wieder die Bäuerin, die ihr zu Hilfe kam und sie aus der Stallung befreite. Obwohl Maras Mutter danach viel Ärger bekam, tat sie so etwas immer wieder, wenn es niemand mitbekam.
Mara war damals noch ein kleines Kind. Jahre später hat sie sich oft gefragt, ob ihre Mutter sie loswerden wollte.

So vergingen die Jahre und Mara kam in die Grundschule in Alberweiler. Sie war eine fleißige Schülerin und auch in allem Handwerklichen sehr geschickt. Nach der Schule machte sie ihre Hausaufgaben und half im Haushalt und auf dem Hof. Die Sommerzeit war für Mara immer die härteste Zeit. Wenn sie ihre Hausaufgaben gemacht hatte, musste sie sofort hinaus aufs Feld. Kartoffeln, Getreide, Heu: Alles was gerade wuchs, musste geerntet werden. Da war es egal, wie heiß der Sommer war. Während sich wohlhabende Familien am See ausruhten, musste Mara bis in den späten Abend schuften. Da fielen ihr schon einmal die Augen bereits beim Abendbrot zu, und wenn sie morgens zur Schule musste, fühlte sie sich wie gerädert.
In den Folgejahren besuchte sie die Hauptschule in Biberach. Allein der tägliche Fußweg war schon strapaziös genug. Die Arbeit zu Hause wurde Jahr für Jahr

schwerer, denn die gängige Ansicht war: Wer älter wird, der kann auch mehr leisten, um sein Brot zu verdienen. Es waren harte Zeiten und dennoch die wohl schönsten Jahre ihres Lebens.

Jugend

Mara wuchs zu einem hübschen Mädel heran. Das Verhältnis zu ihrer Mutter besserte sich nicht. Im Gegenteil, mittlerweile hatte sie einen Stiefvater. Er war weder Vater noch Freund für sie.

Sie wusste zwar tief im Inneren, wer ihr leiblicher Vater war, nämlich der Bauer, bei dem ihre Mutter noch lange arbeitete. Mara hatte jedoch nie die Chance, das laut auszusprechen. Ihre Mutter reagierte immer seltsam, wenn sie begann, Fragen zu stellen. Einmal verpasste sie ihr sogar eine Ohrfeige, bis Mara endlich still wurde. Schließlich gab sie es auf, weiter nachzufragen.

Zwischen ihrem Stiefvater und Mara gab es allerdings eine unausgesprochene Regel: Nur keine Sympathie füreinander aufbauen! Sie konnte ihn nicht leiden und er machte auch keinen Hehl daraus, dass er den Bastard seiner Frau nicht unbedingt durchfüttern wollte. Maras Mutter hatte ein kleines Stück Land von dem Bauern erhalten. Man muss sich das schon einmal durch den Kopf gehen lassen, dass eine Dienstmagd ein Stück Land geschenkt bekommt. Auf diesem Grundstück bauten Maras Mutter und ihr Ehemann dann ihr Haus. Mara fühlte sich kein bisschen geborgen in der gefühlskalten Umgebung ihrer Familie. Schließlich bekam sie auch noch einen Halbbruder. Das war für sie schrecklich, als sie feststellte, dass die ganze Zu-

neigung ihrer Mutter dem kleinen Nachkömmling galt. Immer wieder kam es zum Streit, bis Mara schließlich von ihrer Mutter mit 13 Jahren zu einer Arztfamilie in den Dienst geschickt wurde. Ihre Mutter hat Mara einfach von heute auf morgen vor die Tür gesetzt. Von da ab war Maras Kindheit vorbei. Sie war auf sich alleine gestellt und trat ihren Dienst bei der Familie an.
Der Hausherr war nicht nur Mediziner, sondern auch ein angesehener Politiker, der weit über die Ortsgrenzen, wie sich später herausstellte, bekannt war. Mara jedoch wurde in dieser Familie behandelt wie eine Sklavin. Es war nicht allein die schwere, viele Arbeit, die sie täglich verrichten musste. Die verwöhnten Kinder der Arztfamilie setzten Mara von Anfang an zu. Kaum hatte Mara die Küche sauber gemacht, kam einer dieser Bengel und versaute den ganzen Boden mit seinen dreckigen Schuhen. Egal wie sehr sich Mara bemühte, die Kinder der Familie hatten in ihr ein Opfer gefunden. Zudem konnten sie lügen, ohne dass sie rot im Gesicht wurden. So war es klar, dass eines Tages, als Süßigkeiten im Schrank fehlten, Mara zur Rede gestellt wurde. Ehe sie wusste, wie ihr geschah, war sie eine Diebin und wurde aufs Übelste beschimpft.
Noch in der gleichen Nacht packte Mara ihre Habseligkeiten und schlich sich aus dem Haus. Sie wollte weit weg von diesen Neureichen, die ihr niemals eine faire Chance eingeräumt hatten. Mara selbst zweifelte an sich. Wieso gelang es ihr einfach nicht, sich gegen

diese Ungerechtigkeit zu wehren? Innerlich kochte sie vor Zorn und war doch den Tränen nah. Wo sollte sie überhaupt hin? Zurück zu ihrer Mutter? Das war unmöglich. Und wie sollte sie ihrer Mutter erklären, dass sie die Anstellung verloren hatte und vor allem, dass sie einfach bei Nacht und Nebel davongelaufen war? Ihre Mutter würde ihr doch kein Wort glauben. Sie war ja immer an allem, was bisher passiert war, schuld. Sie wünschte sich in diesem Moment einen Zufluchtsort, wo sie einfach jemand in den Arm nehmen und trösten würde. Vielleicht mit den Worten: „Kind, das wird schon wieder. Du hast alles richtig gemacht; dich trifft überhaupt keine Schuld!“

Das waren aber nur Wunschgedanken. In Wirklichkeit war Mara immer mit ihren Sorgen allein. Doch sie ließ sich nicht entmutigen: Sie durfte sich doch von solchen Leuten nicht kaputt machen lassen. Das wäre ja gelacht, wenn sich da nicht was Neues finden würde!

Also schob sie die traurigen Gedanken beiseite und machte sich auf den Weg zu ihrer Tante. Tante Wiltrud wohnte in Ehingen und hatte zwei Töchter, eine jünger als Mara, die andere älter. Mara war zwischen beiden auf die Welt gekommen und mit den Mädels immer wie mit Geschwisterkindern klargekommen. Tante Wiltrud hatte ein Herz für Mara. Auch wenn sie ihr leider nur ab und zu unter die Arme greifen konnte. Sie selbst hatte es nicht leicht, ihre Kinder großzuziehen. Tante Wiltrud war Witwe und drehte oft jeden Pfennig um.

Da sie aber mitbekam, wie es Mara mit ihrer eigenen Mutter erging und die Ablehnung ihrer Schwester zur eigenen Tochter missbilligte, war sie einfach für Mara da, wenn sie mit ihren Sorgen und Tränen zu ihr kam. Sie hörte zu und gab ihr oft gute Ratschläge. Wichtiger noch, sie nahm sie in den Arm. Wie es eigentlich eine Mutter tun sollte.

Plötzlich sieht Mara mich an und hält inne in ihrem Bericht. Sie bekommt ein ganz weiches Gesicht, als sie von ihrer Tante spricht. Ohne dass ich die Tante kennengelernt habe, kann ich mir vorstellen, dass sie eine liebe Person war. Ich denke, Mara hätte sich eine Mutter wie Tante Wiltrud gewünscht.

Mara erzählt weiter, wie sie den Bus nach Ehingen genommen hat, mit wenig Geld in der Tasche und der Hoffnung auf einen Neuanfang. Mittlerweile hatte sie das Gefühl, schon zum einhundertsten Mal umgezogen zu sein. Das sollte allerdings in ihrem späteren Leben noch übertroffen werden.
Als Mara bei ihrer Tante ankam, war sie todmüde und froh, etwas zu essen und ein warmes Bett zu bekommen. Carla, die ältere Tochter von Tante Wiltrud, kümmerte sich gleich um sie. Als Mara ihre Geschichte berichtete, hatte Carla gleich eine Idee, wie sie ihr helfen konnte. Sie hatte gehört, dass in der Metzgerei am Ende der Straße, in der sie wohnten, eine Arbeits-

stelle frei war. Einige Tage später ging Mara mit ihrer Cousine hin und stellte sich vor. Ehe sie sich versah, hatte sie Arbeit und konnte auch noch bei ihrer Tante wohnen.

Die ersten Tage in der Metzgerei waren einfach. Mara ging überall zur Hand. Im Verkauf, in der Wurstküche, im Haushalt. Sie war ein „Tausendsassa", was sich auch später immer wieder bestätigt hat. Allerdings ist es meist so, dass das Pferd, das am besten den Wagen zieht, immer die Peitsche bekommt. Bei Menschen ist das nicht anders. Mara wurden immer mehr Aufgaben zugeteilt, für wenig Lohn. Sie hatte unendlich lange Arbeitsstunden und viel zu viel Arbeit.

Mittlerweile war Mara 14 Jahre alt geworden. Heute würde sich das Jugendamt in solchen Fällen einschalten. Kinderarbeit war in diesen Zeiten kein Fremdwort. Mara bekam eines Tages von ihrem Chef die klare Aufforderung, dass seine Frau ein schwerer Pflegefall sei und es von nun an zu ihren Aufgaben gehören würde, seine Frau zu pflegen. Nicht etwa eine neue Aufgabe. Nein, Mara musste zu all ihrer Arbeit nun noch Frau Stubenrauch pflegen. Eigentlich wäre das für Mara kein Problem gewesen, wenn ihr diese Frau nahe gestanden wäre. Aber eine für sie doch fremde Person, zu waschen und frisch zu machen, war eine Überforderung für die Vierzehnjährige.

Mara ekelte sich manche Tage und hatte oft Probleme, am Abend etwas zu essen. Sie kämpfte Tag für Tag mit

sich und dennoch hatte sie keine Chance, all dem zu entfliehen. Sie brauchte das Geld und sagte sich, dass sie mit dem zufrieden sein musste, was sie hatte.
Es war keine schöne Zeit, aber Mara hielt durch, bis der Tag kam, an dem die Metzgerei an den Junior abgegeben werden sollte. Der Sohn der Familie Stubenrauch hatte wenig Interesse, das Geschäft seines Vaters zu übernehmen. Ihn zog es hinaus auf das Wasser. Er wollte immer zur See fahren, und so kam es auch. Die Metzgerei wurde geschlossen, und der Sohn heuerte auf einem Schiff an. Das war für alle Beteiligten ein gutes Ende, nur für Mara nicht. Mara verlor ihre Arbeit. Erneut stand sie am Anfang und vor neuen Problemen. Sie fand zwar wieder Zuflucht bei Tante Wiltrud, doch das Hamsterrad begann sich aufs Neue zu drehen.

Verliebt, verlobt, verheiratet

Es war ein schöner Spätsommer und Mara war auf der Suche nach Arbeit. In diesem Sommer verliebte sie sich zum ersten Mal. Der junge Mann war ein fescher, großer, blondhaariger Bursch. Mara hatte ihn auf einem Fest kennen gelernt. Sie tanzten bis zum letzten Takt der Musik. Mara und er waren von Anfang an – wie sie so schön sagt – wie „Topf und Deckel". Sie teilte mit ihm die Leidenschaft für das Motorradfahren. Und obwohl Mara keinen Führerschein hatte, setzte sie sich auf seine „Horex" und fuhr einfach los.
Plötzlich, mitten in ihrer Erzählung, bricht Mara in glucksendes Lachen aus. Dieses Lachen ist einfach ansteckend. Ich muss automatisch mitlachen. Sie sagt: „Da bin ich auf die Maschin gstiege und hab richtig Gas gewwe, und einmal bin ich die Garage vorne rein und vor lauter Schreck konnt ich net bremse und bin hinne wieder naus gebraust. Früher hat kein Hahn dennoch gekräht, ob mer än Führerschein g'habt hott oder net." Verschmitzt schmunzelt sie dabei, und wieder wird sie vom Lachen geschüttelt. Ich kann mir die Situation bildlich vorstellen. Dann wird sie stiller und sie berichtet mir, dass sie sich oft frage, wie es gewesen wäre, wenn sie diesen Mann geheiratet hätte. „Und warum hast du es nicht getan?", frage ich sie. Sie wird still und sieht traurig aus. Mara bekam eines Tages die schlimme Nachricht, dass er bei einem Verkehrsunfall

gestorben sei. Daraufhin sei sie wieder in ein tiefes Loch gefallen. Sie habe das Gefühl gehabt, zu ersticken. In all den schweren Tagen bei der Arbeit hatte sie sich immer wieder auf ihren freien Tag gefreut und auf einen Menschen, der zu ihr gehörte, der für sie Familie werden könnte. Dennoch sollte das nicht die schwerste Hürde im Leben sein, die sie zu nehmen hatte. Die Zeit verging, und der Schmerz wurde kleiner. Es gelang ihr, sich wieder mühevoll aufzurichten und nach vorne zu blicken.

Mit ihrer Mutter hatte Mara indessen wieder Kontakt. Es war kaum zu glauben, wie diese Frau sie manipulieren konnte. Sie konnte immer noch das bei ihr durchsetzen, was sie sich in den Kopf gesetzt hatte. Mara erinnerte sich an die Worte ihrer Mutter, dass sie sich eine Ausbildung aus dem Kopf schlagen solle. Sie könne froh sein, wenn sie eines Tages einen Mann kennenlerne, der sie heirate. Dann wäre sie versorgt und mehr müsse eine Frau nicht haben: Kinder auf die Welt bringen, diese großziehen und für den Haushalt sorgen. „Großzügigerweise“ darf sie noch auf dem Feld arbeiten; das gehört natürlich dazu. Der Mann versorgt die Familie, und ihm muss man bedingungslos Gehorsam leisten.

Eigentlich hatte ihre Mutter nur den Wunsch, ihre Tochter so schnell wie möglich unter die Haube zu bringen. So war es kein Wunder, dass Mara wie aus dem Nichts heraus plötzlich von ihrer Mutter mit 18 Jahren mit

einem ihr fast fremden Mann verheiratet wurde. Ehe sie sich versah, war sie Ehefrau. Es brachen erneut harte Zeiten für sie an. Wie sich herausstellte, war ihr frisch Angetrauter ein jähzorniger Mensch und sprach dem Alkohol zu.
Am Anfang waren es kleine Auseinandersetzungen, die ihren Ehealltag trübten. Dann bekam Mara schon mal eine Ohrfeige. Danach wurde es immer schlimmer. Zuerst trank er nur am Wochenende, dann fast täglich; und Mara wurde von ihm an manchen Tagen fast zu Tode geprügelt. Zu ihrer Mutter konnte Mara in dieser Zeit nicht fliehen, denn sie wusste schon vorher, was dabei herauskommen würde. Schließlich hatte Mara ja in ihren Augen ein viel zu freches Mundwerk, weil sie sich nicht alles gefallen lassen wollte und oft gute Argumente vorbrachte, bei denen die Mutter schwer mithalten konnte. Wer nicht gehorcht, habe es verdient, eine Tracht Prügel zu bekommen.
Was blieb Mara also übrig, als erneut wegzulaufen? Eines Tages ging sie aus dem Haus und wollte alles hinter sich lassen. Doch es sollte sich herausstellen, dass das Weglaufen zwar momentan Ruhe brachte, jedoch langfristig keine Lösung war. Weg von allen Alltagsproblemen und ab in einen neuen Anfang, so dachte Mara. Sie kam wieder einmal bei ihrer Tante unter und sie hatte von dort aus die Möglichkeit, in einer naheliegenden Wurstwarenfabrik zu arbeiten. Die Arbeit war anstrengend, denn es wurde im Akkord gearbeitet.

Wieder eine Arbeit, die ihrem Berufswunsch nicht entsprach. Mara wollte immer etwas mit Biologie zu tun haben. Am liebsten wäre ihr gewesen, in einem Zoo zu arbeiten. Nun hatte sie es nur mit toten Tieren zu tun.
Eines Tages rief ein guter Bekannter an. Er wusste, dass Mara dringend eine andere Arbeit und sogar einen Ausbildungsplatz suchte. Mara hatte die Chance in einem Kosmetiklabor als Laborantin eine solide Ausbildung zu erhalten. Wichtig war nur, dass sich Mara sofort entscheiden sollte. Sie verschwendete keine Zeit und bewarb sich sofort bei der Firma Thome. Jetzt stand ihrer Selbständigkeit nichts mehr im Weg. Von ihrem Mann hörte Mara Gott sei Dank nichts mehr. Er hatte zwar mehrfach versucht, sie heimzuholen, aber ohne Erfolg. So trank er immer weiter, bis Mara an einem Morgen die Nachricht bekam, dass er in den zurückliegenden Tagen an einer Alkoholvergiftung verstorben sei. Mara wusste nicht, ob sie vor Glück lachen oder weinen sollte. Sie beschloss, diesen Teil ihres Lebens aus ihren Gedanken zu streichen und bis heute hat sie eine gewisse Scham, über diesen Lebensabschnitt zu reden. Sie war jetzt eine sehr junge Witwe, und das war besser als eine Ehefrau zu sein, die sich immer vor ihrem gewalttätigen Mann verstecken musste.
Endlich konnte Mara wieder von vorne beginnen, eine neue Zeit brach für sie an. Sie war gefordert und verdiente Geld, zwar noch nicht so viel, aber sie musste wenigstens nicht über ihre Kräfte dafür schuften. Im

Labor führte sie an Kaninchen Allergietests durch. Heute könnte sie das auch nicht mehr machen, sagt sie, und streichelt dabei über den Kopf ihres kleinen Hundes, der erwartungsvoll am Boden sitzt und zu ihr hochschaut. Damals kam ihr das alles harmlos vor, wenn die Tiere gerötete Stellen auf der Haut von den Versuchen bekamen und täglich neue Versuchsreihen gestartet wurden. Es gehörte zu ihrem Berufsalltag und die Arbeit machte ihr Spaß. Sie hatte zudem noch die Wertschätzung ihrer Kollegen, die Balsam für ihre Seele war. Nach einer solchen Aufgabe hatte sie gesucht. Sie wollte selbst Verantwortung tragen und nicht immer hin und her gegängelt werden.
Sie hatte nette Arbeitskollegen, und in der Firma herrschte eine ganz andere Stimmung, als sie es von früheren Betrieben kannte. Keiner behandelte sie abweisend oder herablassend. Endlich fühlte sie sich wertvoll. Inzwischen hatten sich nette Gruppen unter den Arbeitskolleginnen und Arbeitskollegen gebildet.
So erfuhr sie davon, dass die Firma ein eigenes Haus in Österreich besaß, genauer gesagt, im Silbertal, das auch der Belegschaft zeitweilig zur Verfügung stand. Das Bergbauerndorf, das vom Abbau von Silber, Kupfer und Eisen lebte, war bis 1955 ein Teil der französischen Besatzungszone in Österreich.
Mara fuhr also mit einigen Mitarbeitern des Öfteren am Wochenende ins Silbertal. Sie fing an, die Berge zu lieben. Das Wandern in der himmelsnahen Höhe

brachte ihr Frieden. Am Abend wurde gerne gefeiert und getanzt. Bei zünftiger Musik und einheimischem Essen war die Stimmung recht ausgelassen, eine Zeit, die für Mara unvergesslich schön war. Als sie wieder einmal in die Berge fuhr, lernte sie im Frühjahr 1969 ihren zweiten Mann Hubert kennen.
Sie heirateten im Sommer 1969. Alles war wunderbar, bis auf die Tatsache, dass sie noch eine Wochenendehe führten. Fast zur gleichen Zeit starb ihre geliebte Tante Wiltrud unvorhergesehen an einem Herzinfarkt. Mara fühlte sich immer einsam, wenn Hubert nicht da war oder sie ihn besuchte. Mittlerweile stand sie kurz vor ihrer Prüfung und sie freute sich schon auf den Tag, an dem sie endlich zu ihrem Mann ziehen konnte. Sie wollte ihm überall hin folgen. So verließ sie ihre bisherige Heimat und zog noch im selben Jahr in den Kraichgau. Hubert lebte dort noch in einer Dreizimmerwohnung im Haus seiner Eltern und arbeitet als Techniker in einer großen Firma. Zwar umgab sie nach ihrem Umzug nur noch eine Hügellandschaft, aber sie glaubte dennoch, von nun an ihre Heimat gefunden zu haben. In einem kleinen Dreitausend-Seelendorf, begrenzt durch den Odenwald im Norden, den Schwarzwald im Süden und der Oberrheinischen Tiefebene im Westen, war sie in einem wunderschönen Landschaftsgebiet gut angekommen. In den Anfangszeiten gab es natürlich oft Verständigungsprobleme. Mara, mit ihrem „Schwäbeln“ und der „Kurpfälzer Dialekt“ tra-

fen sich manchmal wie Donner und Blitz. Mit ihrer lebhaften Art fand Mara schnell Kontakt und sie war sofort beliebt. Sie half allen, wo sie konnte, auch wenn sie selbst kaum Zeit für sich hatte.
Sie fühlte sich wohl an der Seite von Hubert. Ihr Mann war sehr fleißig und versuchte, so schnell wie möglich seiner Frau ein eigenes Dach über dem Kopf zu schaffen. Zunächst wohnten sie zur Miete, aber es dauerte kein Jahr, bis Hubert mit der Idee kam, ein Haus zu bauen. Das war allerdings nicht so einfach, denn sie hatten anfangs nicht so viel Geld.
Außerdem hatte sich Nachwuchs angekündigt. Im Frühjahr 1970 kam ihr kleiner Michael zur Welt. In der ersten Zeit war er der ganze Stolz von Mutter und Vater. Michael war ein ruhiger, hübscher kleiner Junge und es dauerte zwei Jahre, bis eine Schwester dazu kam. Petra wurde 1972 geboren. Sie war ein Wirbelwind und hatte das Temperament ihrer Mutter geerbt. Wenn sie Musik hörte, strampelte sie kräftig zum Takt und fing nach wenigen Monaten an, glucksende Geräusche von sich zu geben, als wolle sie schon den Text singen. Michael passte immer sorgfältig auf sein Schwesterchen auf und hütete sie wie seinen Augapfel.
Mittlerweile hatte ihr Mann mit Hilfe von Firmen, aber überwiegend aus eigenen Kräften, ihr neues Zuhause gebaut. Es war zwar schleppend vorangegangen, aber der Einzug stand unmittelbar bevor. Alles schien perfekt zu sein.

Trautes Heim

Endlich war Mara mit ihrer kleinen Familie im neuen Heim eingezogen. Sie entwickelte immer mehr gestalterisches Talent für schöne Dekorationen im Haus und in ihrem Garten. Sie hatte den „grünen Daumen“. Alles, was sie anpackte, gelang ihr. Trotz vieler Arbeit wollte sie sich in ihren Fähigkeiten weiterentwickeln. Ihre Mutterrolle beanspruchte sie voll und sie merkte schnell, dass das Geld im Haushalt knapp wurde. So ging sie stundenweise in verschiedenen Haushalten putzen.

Von dem nebenbei verdienten Geld wollte Mara zunächst einmal ihren Führerschein machen. Sie wollte unbedingt Auto fahren lernen. Hubert bestärkte sie darin. Andere Männer dachten nicht so. In dieser Zeit wurden die meisten Frauen nicht dabei unterstützt, Autofahren zu lernen. Eine Bekannte von Mara durfte zum Beispiel keinen Führerschein machen, da immer das ganze Geld in Haus und Hof investiert wurde. Der Mann wollte keine so moderne Frau haben, die sich emanzipieren wollte. Heim und Herd, das waren die Aufgaben der Frau in seinen Augen.

Nun, Mara hatte ihr Ziel vor Augen. Sie freute sich schon darauf, eines Tages selbst fahren zu dürfen. Nach wenigen Wochen hatte sie ihre Theorieprüfung mit Erfolg bestanden. Sie machte ihre ersten Fahrstunden. Es dauerte nicht lange, bis ihr Fahrlehrer sie zur Prüfung anmeldete. Mara war sich sicher, dass sie die ohne Probleme schaffen würde. An einem schönen Frühsommertag stand sie mit ihrem Fahrschulauto an einer Kreuzung in Richtung Heidelberg. Die Ampel schaltete gerade von Rot auf Grün und Mara fuhr los, als plötzlich von rechts ein Auto mit rasender Geschwindigkeit auf sie zukam. Ihr Fahrlehrer schrie noch: „Vorsicht …!“. Er versuchte, ihr ins Lenkrad zu greifen und zu bremsen. Doch vergeblich. Ehe Mara sich versah, fuhr das Auto in ihr Fahrschulauto. Maras Körper wurde vom Aufprall des auffahrenden Autos geschüttelt, ihr Kopf prallte an die Nackenstütze und sie hatte das Gefühl, jeder Tropfen Blut sei aus ihrem Körper gewichen. Sie schrie auf. Sie konnte die Situation in diesem Moment nicht erfassen. Obwohl sie keine Schuld an dem Unfall hatte, schoss ihr gleich der Gedanke in den Kopf, sie hätte etwas verkehrt gemacht.

Wenigen Minuten nach dem Unfall ging alles ganz schnell. Die Polizei kam vom nicht weit von der Unfallstelle entfernten Revier dazu. Die Fahrer, der beiden Unfallautos und die Zeugen wurden befragt, der Schaden wurde aufgenommen und alles schien geregelt zu sein. Mara hatte eine leichte Gehirnerschütterung, die unmittelbar nach dem Unfall bei ihrem Hausarzt festgestellt wurde. Sie sollte sich ein paar Tage schonen. Ihr Fahrlehrer war wohlauf und saß am nächsten Tag schon wieder neben einem anderen Fahranfänger.

Es war also alles kein Problem. Mara sieht mich nach ihrer Erzählung an und sagt: „Nur die Prüfung hab ich dann net mache könne!“ Ich frage sie: „Wieso? Du hast doch vor einigen Jahren ein Auto gekauft? Ich dachte, du hast einen Führerschein!“

„Nee, ich konnte mich nach dem Unfall nicht mehr in ein Auto setze. Es het Jahre gedauert, bis ich überhaupt erscht einmol als Beifahrerin in einem Auto hab mitfahre kennet.“

Ich war entsetzt. Und mir schoss durch den Kopf, dass Mara bestimmt keinen Schadensersatz für ihre psychischen Probleme nach dem Unfall erhalten hatte. Tatsächlich sei sie fast leer ausgegangen, berichtet Mara. Sie war nur froh, dass nichts Schlimmeres geschehen war. Schließlich hatte sie zwei kleine Kinder.

Nie wieder hatte Mara den Mut, ihre Führerscheinprüfung anzupacken. Sie hat dieses Kapitel in ihrem Leben einfach abgehakt, auch wenn sie es oft bereut, immer auf die Fahrdienste anderer angewiesen zu sein.

Das Leben ging für Mara weiter, auch ohne Führerschein. Sie benutzte die Bahn oder den Bus, und ließ sich von ihrem Mann chauffieren. Ihre beiden Kinder wuchsen heran und gingen jetzt zur Schule. Mara hatte bisher oft in den Abendstunden in verschiedenen Haushalten geputzt. Nun konnte sie sich auch für die Vormittage eine Stelle suchen.

Im benachbarten Ort gab es eine Drogerie. Dort konnte

Mara zwar nicht direkt in ihrem erlernten Beruf arbeiten, aber sie absolvierte eine zusätzliche Prüfung und kannte sich danach mit freien Arzneimitteln sehr gut aus. In der Drogerie konnte sie einige Jahre arbeiten, bis ihre Kinder aus dem Gröbsten heraus waren. Morgens brachte sie die Kinder in die Schule, fuhr dann zur Mittagszeit heim, um zu kochen, und machte sich nach dem Mittag wieder auf den Weg zur Arbeit. Ihre Schwiegermutter kümmerte sich am Nachmittag um die Kinder. Sie war eine gute Seele, und Mara fand in ihr eine Art Muttterersatz.
Wenige Jahre später musste die Drogerie schließen. Mara fand im gleichen Ort in einer Behinderteneinrichtung eine neue Aufgabe. Sie war die Ersatzmutter für behinderte Kinder. Sie putzte, kochte und half im Büro, sie war gewissermaßen Mädchen für alles. Dennoch hatte sie eine Aufgabe, bei der ihr Respekt von ihrem Chef und ihren Arbeitskolleginnen und -kollegen stets entgegengebracht wurde. Da ihr Lohn nicht gerade angemessen war, war sie gezwungen, zusätzlich in den Abendstunden in einer Arztpraxis auszuhelfen. Bis heute hat Mara noch Kontakt zu dem damaligen Praxisteam. Die Arztfamilie lud sie oft zu Vorträgen über fremde Länder ein, so konnte sie auch sehr viel über die Welt erfahren. Mit kleinem Geldbeutel und Kindern ist das Reisen nicht immer machbar. Also stillte sie ihren Wissensdurst mit Büchern und eben den lehrreichen Abenden in so manchen

Tagungsräumen. Auf diesem Weg erfuhr sie viel über Japan, Mexiko, Australien und viele andere Länder. Das Verhältnis zu ihrem Mann hatte sich verändert. Hubert war fast ausschließlich mit dem Haus beschäftigt und mit seinem Hobby: Er spielte im Musikverein und war ständig unterwegs. Eines Tages kam er nach Hause und berichtete, dass der Verein eine Fahrt nach Norwegen plante. Mara freute sich schon, denn sie wusste, dass bei solchen Fahrten die Partner immer mitfahren durften. Leider wurde sie sofort eines Besseren belehrt. Hubert fuhr ihr über den Mund und sagte: „Glaubst du, ich nehm dich mit? Der Michael kommt mit und Schluss!“ Mara wurde sehr traurig. Endlich hätte sie etwas von der Welt sehen können; ausgerechnet Norwegen, über das sie schon oft Reportagen im Fernsehen gesehen hatte. Sie musste also mit ihrer Tochter Petra zu Hause bleiben. „Für mich ist das Geld zu schade“, dachte sie. Es waren üble Gedanken, aber nicht weit hergeholt. Hubert hatte ihr in den letzten Jahren nie einen Pfennig Haushaltsgeld gegeben, weder ihr noch ihren Kindern. Am Anfang hatte Mara noch kein Problem damit, denn sie ging arbeiten und kaufte von ihrem hart verdienten Geld die Dinge ein, die zum Leben notwendig waren. Da sie selbst gut nähen und stricken konnte, hat sie ihre Kinder mit selbstgefertigter Kleidung angezogen und oft gebrauchte Teile mit der Nähmaschine verändert. Die Kinder und sie waren dadurch immer ordentlich gekleidet.

Als Hubert schließlich von seiner Norwegenreise zurückkam, wurden die Zeiten für Mara und die Kinder schwieriger. Hubert hatte schon seit einigen Jahren angefangen, über den Durst zu trinken. Ständig kam er am Abend betrunken nach Hause. Die Stimmung war selten entspannt. Die Kinder mussten sich verhalten benehmen, damit er keine Ausraster bekam. Er wurde immer jähzorniger.

Mara macht in ihren Erzählungen eine Pause. Sie bekommt einen hochroten Kopf, sie kann mir im Moment kaum in die Augen schauen. Ihre Blicke gehen durch den ganzen Raum, als ob sie nach einer Fluchtmöglichkeit suchen würde. „Was ist?“, frage ich sie. Da sehe ich ihre von Tränen getrübten Augen. „An einem Owend hot er mich dann grün und blau gschlage, und des auch noch vor den Auche der Kinder.“ Sie erzählt weiter, dass die Nachbarn die Schreie und den Radau gehört hätten und ihr zu Hilfe kamen. Sie mussten einen Arzt für Mara holen, so schlimm hatte ihr Mann sie zugerichtet. Hubert wurde immer aggressiver und eifersüchtiger. Er war schon eifersüchtig, wenn Mara mit dem Postboten sprach. Selbst wenn sie mit einer Nachbarin etwas ausmachen wollte, hatte er etwas dagegen. Er steigerte sich immer mehr in den Wahn, Mara würde ihn mit den Kindern verlassen. Dabei merkte er nicht, dass er durch sein Verhalten bewirkte, dass sich Kinder und Ehefrau daheim nicht mehr wohlfühlten.

Trotzdem hielt es Mara aus. Sie sagt mir: „Ich bin ja des Schlage gewöhnt!“ Ich bin entsetzt. Mara denkt, ihre Mutter, ihr erster und ihr zweiter Ehemann hätten wohl das Recht, sie schlagen zu dürfen. Sie hatte niemals den Mut, sich zur Wehr zu setzen, weder als Kind noch als Erwachsene. Maras Leben wurde damit Tag für Tag unerträglicher.

Glück und Leid

Als eine Einladung zu Bruno Heitmanns Hochzeit kam, einem alten Freund der Familie, sank die Stimmung im Haus wieder auf einen Tiefpunkt. Hubert behauptete schlichtweg, dass Mara wohl bei Bruno nun keine Chance mehr hätte, da er ja jetzt heirate. Sie kann sich nicht vorstellen, wie ihr Mann auf die unsinnige Idee gekommen war, dass sie Interesse an diesem Mann hätte. Sie war trotz ihrer Sorgen immer nach außen eine Frohnatur und konnte mit allen lachen, lustig sein, und dadurch ihren trostlosen Alltag vergessen. Sie lachte mit den Frauen und Männern im Verein, genauso wie mit ihrem Arzt, Apotheker oder Bankangestellten, so auch mit Bruno. Hubert allerdings hatte schon lange vergessen, wie man unbeschwert lacht. Er wurde immer verbitterter und verschlossener. Mara und die Kinder durften weder das von ihm gekaufte Wasser trinken noch sich an den Lebensmitteln zu schaffen machen. Um jede Kleinigkeit musste sie betteln. Ihr blieb nichts anderes übrig, als aus eigener Kraft heraus ihre Kinder und sich zu versorgen.

Mara verzieht gerade ihr Gesicht, als würde sie die Schläge und viele, mir unbekannte Kränkungen immer noch spüren. „Hast du ihn gefragt, warum er so ist?“, frage ich sie. „Ja“, antwortet sie mir, „ich hab aber ke Antwort drauf kriegt, er hot mer nur wieder ene abgräumt.“

Das bedeutete, dass sie tatsächlich von ihm misshandelt wurde und dadurch nie wieder nachgefragt hatte. So wurde es zur Gewohnheit für Frau und Kinder, den Mann und Vater betrunken zu sehen. Oft betete Mara darum, dass ein Arzt ihm helfen möge, damit die schönen Zeiten in ihrem Leben wieder zurückkehren sollten. Früher war sie glücklich. Jetzt konnte sie überhaupt nicht mehr sagen, wann das aufgehört hatte. Oft musste sie die blauen Flecken vor den Nachbarn, Freunden und Arbeitskollegen verstecken. Sie zog sogar im Sommer langarmige Blusen an und schminkte sich an gewöhnlichen Arbeitstagen oftmals intensiver, damit sie niemand ansprechen würde. Wäre doch nur ihre Schwiegermutter noch da! Leider war die auch schon verstorben, und Mara hatte das Gefühl, dass damit das letzte Stück Glück in ihrem Leben zerbrochen war. Die Kinder waren inzwischen herangewachsen und gingen ihre eigenen Wege. Petra wohnte mit ihrem Freund Tobias zusammen, und Michael hatte sich eine kleine Wohnung im Ort gesucht. Er hielt es zu Hause nicht mehr aus. Mara war ihm deshalb nicht böse. Sie verstand die Kinder. Die Gewalt und die Alkoholsucht ihres Vaters waren unerträglich geworden. Dennoch halfen sie ihrer Mutter, wo immer sie konnten. Allerdings kamen sie, wenn ihr Vater nicht im Haus war.

Mara suchte für sich nach einem Ausgleich. Sie hatte eine frühere Schulkameradin, mit der sie immer noch Kontakt hatte. Ihre Freundin lebte auf Djerba, an der

Ostküste Tunesiens. Mara sparte, wo es ging, ein wenig Geld, um sich die Flugkosten leisten zu können und besuchte fast regelmäßig ihre Freundin. Oft übernahm auch ihre Freundin, deren Mann genug Geld zur Verfügung hatte, die Flugkosten. Umgekehrt besuchte diese Mara in Deutschland. So hatte sie endlich jemanden, mit dem sie reden konnte, und gleichzeitig eine Fluchtmöglichkeit, um ihre Kräfte wieder zu sammeln. Fünfzehn Jahre konnte Mara sich das ermöglichen.

Ihr Leben erschien ihr wie in einem Hamsterrad. Sie lief nach vorne und doch kam sie wieder dort an, wo sie losgelaufen war.

In der Zwischenzeit war ihre Mutter verstorben. Mara konnte keine richtige Traurigkeit über den Verlust „dieser Frau“ empfinden, dennoch weinte sie über die Tatsache, dass sie mit ihr nie ein inniges Verhältnis hatte aufbauen können. Keine Wärme, Fürsorge, Geborgenheit. So nahm Mara von ihr Abschied wie von einer Bekannten oder weitläufig Verwandten. An dem Tag, als ihre Mutter beerdigt wurde, stand Mara auf dem Friedhof in Alberweiler, weit weg von der Trauergesellschaft. Wie sie mir berichtet, hatte sie sich in die Nähe einer alten Eiche gestellt. Es hat für mich den Anschein, als sollte dieser Baum sie in diesem Moment schützen. Kaum einer bemerkte ihre Anwesenheit. Der katholische Pfarrer sprach die abschließenden Worte und Mara drehte sich um und ging mit eiligen Schritten davon. Sie wollte so schnell es ging von dem Ort

weg. Alle Bilder aus vergangenen Zeiten schossen ihr durch den Kopf. Sie hatte gelernt, damit umzugehen, dennoch tat es ihr immer wieder weh.
Nachdem ein Jahr vergangen war, genauer gesagt im Jahr 2001, bekam sie die Nachricht, dass ihr Stiefvater verstorben war, Auch das war für Mara keine erschütternde Nachricht. Allerdings war sie dennoch am Boden zerstört, als sie hörte, dass sie enterbt worden sei, und ihr Stiefbruder sogar so weit gegangen war und bei einem Notar angab, Mara sei nicht auffindbar und wahrscheinlich nicht mehr am Leben. Mara erfuhr über eine Cousine von diesem Vorfall. Außerdem hatte sie sich schon gewundert, dass sie keinerlei Post vom Nachlassgericht bekam. Mara war entsetzt, als sie davon hörte, was ihr Stiefbruder behauptet hatte, und so blieb ihr nichts anderes übrig, als einen Anwalt einzuschalten.
Sie konnte ihre Rechte geltend machen und die gegnerische Partei wurde sogar mit einer Geldbuße bestraft. Dies bedeutete, dass nicht nur ihr Stiefbruder, sondern auch der zuständige Notar angezeigt wurde. Mara erhielt einen Teil ihres Erbanspruchs und noch die zusätzliche Geldsumme als Wiedergutmachung für das Fehlverhalten. Ihr Stiefbruder schickte ihr danach einen Brief, in dem er ihr mitteilte, dass sie nicht mehr zur Familie gehöre. Mara sagt mit tränenunterdrückter Stimme: „Für die war ich sowieso nie was wert."
Sie erzählt weiter, dass sie nur noch mit ein paar Cou-

sinen Kontakt hielt. Diese waren ihr gegenüber sehr freundlich, dennoch vorsichtig, weil ihr Stiefbruder nichts davon wissen sollte, dass sie mit Mara zu tun hatten. Allein diese Heimlichtuerei versetzte Mara immer wieder einen Stich ins Herz.

Mara war trotz all der Ereignisse zufrieden. Sie hatte ihre Kinder und außerdem ihren kleinen Hund. Dazu kamen noch die Hunde ihrer Kinder und so konnte sie oft in den Wald gehen und mit allen dreien ihre Sorgen vergessen. Sie traf sich oft mit anderen Hundebesitzern und so konnte sie mit Menschen etwas gelassener sein. Wenn Hubert seine Ausraster bekam, floh sie in die Natur, fuhr in die Berge und vergaß in dieser Zeit alle Probleme.

Mara wollte nicht nur Vorträge über fremde Länder hören. Nein, sie wollte unbedingt etwas von der Welt sehen. Sie wollte ihren Wissensdurst stillen. So beschloss sie, mit ihrer Tochter eine Reise nach Australien zu machen. Sie sparten alles zusammen, was sie entbehren konnten, und schließlich hatten sie das Geld zusammen. Australien war für beide ein Traum. Sie verliebte sich sofort in dieses Land.

Mara sagt dazu: „Ich hab mich noch nie so frei gfühlt" und gluckst vor Lachen „fascht wie so ä Känguru". Ich kann dieses Gefühl in diesem Moment nachvollziehen. Frei und vor allem ohne Sorgen. Als sie von ihrer gemeinsamen Reise zurückkommen, geht alles seinen Weg weiter.

Petra und ihr Freund Tobias verkünden eines Tages, dass sie heiraten würden. Beide hatten einen guten Arbeitsplatz, und Tobias wollte auch gleich das gemeinsame Haus fertigstellen, an dem er seit Monaten baute. Da er vom Fach war, konnte er viel selbst und mit Hilfe von Freunden machen. Jeden Tag verbrachte er nach Feierabend auf der Baustelle. Er war sehr fleißig und freute sich schon auf die gemeinsame Zeit mit seiner zukünftigen Frau.
Endlich war die Hochzeit. Mara stand vor ihrer Tochter und konnte es kaum glauben, dass diese junge Frau ihr kleines Mädchen von früher war. Wo waren all die Jahre geblieben: die schönen Jahre, aber auch die traurigen?
Mara war überglücklich und hatte die Vorbereitungen zur Hochzeit mit einer Hingabe getroffen, als wäre es ihre eigene. Tobias war der richtige Mann für ihre Tochter. Er war warmherzig, gütig, aufmerksam, und Petra war für ihn die Frau, die er sich erträumt hatte. Er konnte es manchmal gar nicht glauben, dass zwei Menschen sich auch ohne Worte verstehen konnten. Es gab weder Streit noch Missverständnisse zwischen ihnen. Es war einfach perfekt, wenn man es rückwirkend betrachtet. Doch auch das sollte nicht so bleiben. Petra kam einige Tage nach der Hochzeit total erschöpft von der Baustelle zurück. Auch sie half, wo sie nur konnte. Sie hatte schon seit längerer Zeit Rückenschmerzen, und ihr taten sämtliche Knochen weh.

Bisher hatte sie immer geglaubt, es wäre Muskelkater. Nachdem sie einige Zeit Schmerztabletten genommen hatte und die Beschwerden nicht nachließen, beschloss sie, zum Arzt zu gehen. Ihr Hausarzt war zunächst ratlos und überwies sie zu einem Facharzt.
Vier Wochen nach ihrer Hochzeit nahm das Schicksal seinen Lauf. Nachdem Petra geröntgt worden war, wurde sie noch einmal in das Behandlungszimmer gerufen. Sie nahm Platz und dachte zunächst an nichts Böses. Nach wenigen Minuten des Gesprächs stürzte eine Welt für sie zusammen. Sie bekam die Diagnose Lungenkrebs. In diesem Moment konnte sie kaum klar denken. Sie dachte, das ist nicht wahr, das ist eine Verwechslung. Doch der Arzt zeigte ihr auf dem Röntgenbild genau die betroffenen Stellen. Er sagte ihr, dass der Krebs schon sehr weit fortgeschritten sei.
Nachdem Petra die Praxis verlassen hatte, brach sie in ihrem Auto in Tränen aus. Sie beruhigte sich ein wenig und rief sofort ihren Mann an. Tobias ließ alles stehen und liegen und fuhr mit seinem Auto zu ihr. Er nahm sie in die Arme und tröstete sie. Natürlich war ihm klar, dass sie gemeinsam diese Erkrankung angehen würden. Er wollte, dass sie zunächst eine zweite Meinung einholen sollte. Wichtig war ihm, dass sie stark blieb und den Kampf aufnahm. „Du wirst das schaffen. Wir werden das schaffen!“
Petra und Tobias saßen am nächsten Tag in Maras Wohnzimmer um ihr die schlimme Nachricht zu über-

bringen. Als Mara von der Diagnose erfuhr, dachte sie sofort an Gott. Sie ging wenig zur Kirche, weil sie immer Angst hatte, alle Menschen um sie herum würden wissen, warum sie hingehen würde, doch sie betete täglich. Auch in diesem Moment sprach sie innerlich mit Gott.

Mara sagt mir: „Ich hab in dieser Stunde mindeschtens 100 Gebete nach obe geschickt und dem gsagt, er soll doch mich weiter bestrofe, doch net mei Kind.“ Dabei geht ihr Blick nach oben zum Himmel. Ich bekomme eine Gänsehaut, als sie mir weiter berichtet.

Wie im Traum

Monate gingen vorüber. Mara und Tobias begleiteten Petra auf ihrem Weg durch die schwere Zeit mit Arzt- und Klinikbesuchen, Therapien. Jede Chemotherapie barg neue Hoffnung, und alle Beteiligten glaubten fest daran, dass Petra es schaffen würde. Sie war noch jung und ein so guter Mensch. In der Silvesternacht erlosch ihr Leben, und sie verlor den Kampf gegen den Krebs. Mara und Tobias haben erlebt, wie sie immer schwächer und schwächer wurde und sie wussten, dass sie nichts mehr tun konnten.

Als Mara am Sterbebett ihres Kindes saß und die letzten Worte mit ihr austauschen konnte, funktionierte sie nur noch. Tage nach der Beerdigung war sie wie eine Marionette. Irgendjemand zog an den Fäden, und Mara bewegte sich.

Mittlerweile war sie nur noch ein Nervenbündel. Sie hatte schon seit einigen Jahren ein gesundheitliches Problem. Ein Tremor, wie sich herausstellte. Je nach Aufregung konnte man es ihr ansehen. Manchmal mehr und manchmal weniger. Mara war am Ende ihrer Kraft. Das Schicksal hatte ihr das Kind genommen, und sie hatte das Gefühl, ein Teil von ihr sei in diesem Moment auch gestorben. Sie wurde immer depressiver und wollte nicht mehr leben.

Ich frage Mara: „Wie konntest du es denn aushalten?“

„Indem ich wieder losgerannt bin, weischt, wenns mir

richtig schlecht geht renn ich devon, wie immer in meim Lewe“, antwortet sie mir.

Täglich ging Mara auf den Friedhof und schmückte Petras Grab mit liebevollen Kleinigkeiten wie Figuren und vor allem mit schönen frischen Blumen, immer in den Lieblingsfarben ihrer Tochter. Sie führte mit ihr Gespräche über die Vorkommnisse im Elternhaus, über ihren Tobias und über das Ortsgetratsche. Für Mara war das immer Balsam für ihre Seele. Immer wenn sie es daheim nicht aushielt, fand sie Zuflucht auf dem Friedhof. Sie hatte sich eine Bank vor das Grab gestellt, und dort saß sie oft stundenlang.

Mit Tobias hatte sie ein mütterliches Verhältnis. Er kam mit seinen Problemen, und sie verstand es, ihn zu trösten. Er war auch für Mara da, wenn sie ihn brauchte. Tobias musste sein Leben neu sortieren. Nachdem einige Jahre der Trauer vergangen waren, fand er wieder eine Partnerin und heiratete aufs Neue. Mara war zwar der Meinung, sie wäre nicht die geeignete Frau für ihn, aber was sollte sie tun. Ihm die Hochzeit ausreden? Sie wollte ihm auch nicht im Wege stehen. Dafür achtete sie ihn zu sehr, und das hätte auch Petra nicht gewollt. Er war schließlich ein junger Mann und dazu auch noch selbständig. Er brauchte eine Frau an seiner Seite.

Mara berichtet mir, dass sie ihre Petra Jahr für Jahr mehr vermisst, so sehr, dass es ihr richtig Schmerzen bereitet. Immer wenn die Menschen an Silvester fei-

ern und der Himmel von Feuerwerk beleuchtet ist, sitzt Mara alleine da und ist tief in sich versunken. Sie spricht mit ihrem Kind und stellt sich vor, wie es wäre, wenn sie noch da wäre. Hätte sie Kinder? Wie würde ihre Frisur heute aussehen? Mara sagt in diesem Moment mit rauer Stimme:
„Weischt, ich hör ihre Stimm net mehr so richtig. Ich weis net, wie sie klingt. Des macht mer Angscht." Ich habe das Gefühl, sie will ihre Tochter festhalten und hat sie noch immer nicht losgelassen.
Mara bekam durch die seelische Belastung immer mehr gesundheitliche Probleme. Ihr Herz machte ihr Angst, und sie fühlte sich wie in einem fremden Körper. Es schien so, als würde ihre verwundete Seele ihren Körper mit Schmerzen übersäen.
So war es Mara nicht zu verdenken, dass sie ihren 60. Geburtstag, und damit den Beginn eines neuen Jahrzehnts, mit einer schönen Feier beginnen wollte. Sie lud einige Leute ein und wünschte sich von den Gästen ausschließlich etwas Geld. Sie wollte eine Reise machen. Und gesagt, getan, sie fuhr mit einem ortsansässigen Busunternehmen in die Berge. Genauer gesagt nach Südtirol, in das Etschtal. Dieses Tal ist ein italienisches Alpental und verläuft von Südtirol durch das Trentino bis zu seinem Ende bei Verona.
Mara konnte bei den zahlreichen Wanderungen in diesen 14 Tagen buchstäblich die Welt mit ihren Unannehmlichkeiten um sich herum verschwinden lassen.

Für sie zählte nur die Natur, die netten Menschen innerhalb ihrer Reisegruppe, die Leute in ihrem Hotel, die sie umgaben, lustige Abende mit einheimischer Musik und vor allem mit Tanz. Sie genoss die entspannte Atmosphäre und machte bei jedem Ausflug mit. An Schlaf dachte sie kaum. Wenn die Gruppe bis weit über Mitternacht irgendwo beisammen saß, war sie eine der letzten, die ins Bett ging, aber auch eine der ersten, wenn sie morgens aus dem Hotel ging, um einen kleinen ungestörten Rundgang zu machen. Sie fühlte sich frei wie einer der vielen Greifvögel, die in schwindelerregender Höhe flogen und sich von der Luft tragen ließen.
Wieder daheim, war sie schon bald auf den Boden der Tatsachen zurückgekehrt.
Mit Huberts Alkoholproblem wurde es noch schlimmer und so war es gut, dass ihr Sohn Michael wieder ins elterliche Haus zurückzog, um seine Mutter zu unterstützen. Er hatte sich vor kurzer Zeit von seiner Freundin getrennt, die ihm untreu geworden war. Die Enttäuschung saß bei ihm so tief, dass er vorerst keine Beziehung mehr wollte.
Für ihn war es klar, dass er oft seiner Mutter zur Hilfe kam, wenn der Vater wieder volltrunken um sich schlug und wie ein Löwe durch das Haus brüllte. Abend für Abend half er der Mutter, den betrunkenen Vater ins Bett zu bringen. Hubert fand oft den Weg nicht mehr, und Mara war immer wieder der Meinung, dass die

Ausraster ihres Mannes nicht allein durch den Alkohol ausgelöst wurden.
„Ich hab so oft mit unserm Hausarzt gschwäzt, aber der hot eufach nix gmacht.“ Mara hat die Stimme dabei erhoben, als hätte sie in diesem Moment diesen Arzt vor sich. Es hört sich richtig zornig an. Warum hat er nicht richtig hingehört?
Nachdem Mara zum wiederholten Mal den Notarzt rufen musste, war der Tag gekommen, an dem klar wurde, dass nicht allein der Alkohol Schuld am Zusammenbruch war. Wieder einmal wurde er bewusstlos und kam erst im Krankenhaus zu sich. Er wurde vorerst für ein paar Tage stationär aufgenommen. Nachdem er untersucht worden war, sollte Mara sich zu einem Gespräch im Krankenhaus einfinden. Ihr Mann hatte sich geweigert, mit den Ärzten zu sprechen und bestand darauf, entlassen zu werden.
Mara wusste, dass Hubert in seiner Entscheidung stur blieb. Er wollte von den „Weißkittelträgern“ nichts wissen. Er hielt sie alle für „Quacksalber“.
Mara saß vor dem Schreibtisch des Arztes und musste sich mit einer Hand am Tisch, und der anderen am Stuhl festhalten. Was sie eben erfahren hatte, schnürte ihr die Kehle zu. Ihr Mann war todsterbenskrank. Auch er hatte Lungenkrebs im Endstadium.
Mara konnte es kaum glauben. Nicht schon wieder! Sie sah sie Petra vor sich, wie sie in ihren letzten Stunden blass und mager in ihrem Krankenbett lag. Trotz

all der schweren Zeiten mit Hubert sah sie ihn immer noch als den Mann, der ihr auch ein paar schöne Jahre beschert hatte. Sie glaubte immer noch an das Gute ihn ihm. Er war doch früher nicht so gewesen. Bestimmt kam das alles durch die Krankheit, und sie hatte Recht mit der Behauptung, er würde durch eine schlimme Krankheit so viel trinken und sich als Mensch so verändern. Jetzt war es zu spät.
So kam Hubert wieder nach Hause und wurde wenige Wochen später ein letztes Mal mit dem Notarztwagen abgeholt. Er wurde an lebenserhaltende Maschinen angeschlossen und starb noch im gleichen Monat in einer Lungenfachklinik, genau dort, wo er nie hin gewollt hatte.
Mara war damit erneut Witwe und funktionierte ein weiteres Mal. Sie organisierte mit Michael die Beerdigung, und sie musste sich Tage nach der Beisetzung mit den alltäglichen Problemen auseinandersetzen.
Der erste Weg von Mutter und Sohn führte zur Bank. Hubert hatte noch kurz vor seiner Einweisung einer Dachdeckerfirma den Auftrag für die Neueindeckung ihres Daches erteilt. Er musste dafür einen Kredit aufnehmen. Da Mara jahrelang für sich und die Kinder selbst sorgen musste, hatte sie wenig Spargeld und konnte daher für das Haus kein Geld abzweigen.
Bei dem Gespräch mit einem Bankangestellten traf Mara der nächste Schreck. Hubert hatte nicht nur den Kredit für das Dach offen, nein es stellte sich heraus,

dass noch viele andere Schulden auf dem Haus lasteten. Mara fiel aus allen Wolken. Das konnte doch nicht sein! Ihr Mann hatte immer sehr gut verdient und musste nichts für seine Kinder zahlen. Wo war das Geld geblieben? Im Haus war in den letzten zwanzig Jahren nichts renoviert worden und auch sonst hatten sie keine weiteren großen Ausgaben gehabt. Für jeden Urlaub hatte Mara das Geld aufgebracht, um ja keine Konflikte mit Hubert auszulösen. Was war der Grund für die Schulden? Hatte er vielleicht gespielt, oder gab es da vielleicht eine andere Frau? All diese Fragen blieben für Mara bis heute unbeantwortet.

Michael hatte einen guten Arbeitsplatz in einem mittelständischen Unternehmen im Nachbarort. Er setzte sich bei der Bank für die Mutter und vor allem für den Erhalt des Elternhauses ein. Er übernahm einige Verbindlichkeiten, Mara fiel ein Stein vom Herzen. Sie fand ein wenig Ruhe und glaubte, dass von nun an alles normal ablaufen würde.

Achterbahn des Alltags

Mara sitzt mit mir in ihrem kleinen Schrebergarten und schaut auf den vor uns liegenden Bach. Sie sieht den jungen Enten zu, die ihrer Entenmutter mit großer Aufmerksamkeit hinterher schwimmen und ihr wie kleine Soldaten folgen. „Seit wann hast du diesen Garten hier?“, frage ich sie. „Seit mir des Haus hän verkaufe misse, und…“ Sie macht eine Pause und schluckt schwer. Ich merke, dass sie sehr bewegt ist und ihr fast die Stimme wegbleibt. Wenn ich bisher glaubte, Maras Erzählungen würden mich sehr ergreifen, so war das alles noch nichts im Vergleich zu dem, was sie mir in den folgenden Wochen erzählte.

Nachdem Mara und Michael die Schulden bei der Bank gemeinsam übernommen hatten, kehrte so langsam wieder Ruhe in das Haus ein. Dennoch war es für Mara und ihren Sohn nicht leicht in dieser Zeit. Sie sparten, wo sie nur konnten, und sie wollten so schnell wie möglich den finanziellen Ballast loswerden. Mara stand täglich an den Gräbern ihrer Tochter und ihres Mannes und stellte sich immer wieder die gleiche Frage: ob sie schuld daran sei, dass ihr Mann sich vor lauter Geldsorgen so verändert hatte. Seit einigen Wochen hörte sie vom Ortsgerede, ihre Schwägerin mache sie überall schlecht und behaupte, Mara wäre an dem großen Schuldenberg beteiligt. Sie hätte das Geld rausgeschmissen und der arme Hubert hätte

daher zur Flasche gegriffen. Mara wusste aber genau, dass das nicht stimmte. Die Menschen, die Mara richtig kannten, wussten, dass sie lieber selbst nichts essen würde, bevor sie von anderen etwas annehmen würde und schon gar nicht auf „Pump“.
Sie hatte immer hart für alles gearbeitet. Wenn sie sich etwas nicht leisten konnte, hatte sie so lange darauf verzichtet, bis sie die Möglichkeit hatte, sich den Wunsch zu erfüllen. Vorher hat sie aber erst nach ihren Kindern geschaut, was die nötig hatten.
Trotzdem bohrten sich die Anschuldigungen immer weiter in ihre Gedanken hinein. Sie wusste, sie konnte sich kräftemäßig nicht gegen diese Vorwürfe wehren. Wenn man glaubt, die „netten Mitmenschen“ hätten sie in dieser Zeit verteidigt, dann irrt man sich gewaltig. Mara berichtet mir, dass gerade die, von denen sie es nicht erwartet hatte, den Mund gehalten haben. Sie wollten selbst ihre Ruhe und nicht zu irgendwelchen Streitigkeiten im Ort beitragen.
Also ging Maras Leben weiter wie eine Fahrt auf der Achterbahn. Sie brachte die Tage hinter sich und hoffte, dass das Geschwätz im Sand verlaufen würde. Wieder war es die Natur, die ihr den Halt und die Kraft gab, weiterleben zu können. Mara machte lange Spaziergänge und nahm an kurzen Ausflügen in die Berge teil. Sie wanderte mit den Mitgliedern des örtlichen Wandervereins und konnte so endlich wieder ein Stück Lebensfreude finden.

Auch Michael wurde nach Monaten wieder zuversichtlicher und umgänglicher. War er doch immer sehr verschlossen nach all den Vorkommnissen in der Familie. Mara sah, wie er wieder aufblühte. Er hatte in der Zwischenzeit eine Frau kennengelernt und schwebte deshalb „auf Wolke sieben". Die zurückliegenden Monate der Trauer und der Sorgen um die Schulden verblassten ab dem Moment, als er sie kennenlernte. Er hatte zwar schon kurze Beziehungen gehabt, aber dieses Mal war es etwas anderes. In seinen Gedanken spielte sich schon das Familienleben ab, das er sich seit langem wünschte. Er wollte mit dieser Frau Kinder haben und sich eine Zukunft aufbauen. Sie war eine zierliche, blonde Frau. Alles passte, denn sie hatten viele Gemeinsamkeiten. Sie tat ihm einfach gut.
Mara hatte an ihrem Sohn gemerkt, dass es eine Frau gab. Als Mutter merkt man das. Wenn der Junior sich plötzlich neue Bekleidung zulegt, regelmäßig zum Frisör geht. Michael hatte sich auch verraten, als ihn Mara dabei ertappte, wie er einen Prospekt mit Damendüften studierte. Mara dachte sich schon, dass er es nicht wegen ihr tat. Auf die Idee, seiner Mutter so etwas zu kaufen, würde ihr Sohn nie kommen und eher den Prospekt achtlos in den Müll werfen.
Mara freute sich, dass ihr Sohn glücklich war. Er pfiff vor sich hin und war endlich nicht mehr so sehr in sich gekehrt wie bisher. Im Gegensatz zu seiner Schwester war er immer eine ruhige Seele gewesen und nahm

sich auch so manches mehr zu Herzen. Sein Vater war deshalb auch der Meinung, Mara habe ihn zu sehr verweichlicht.
Sie hatten nun drei Hunde, lauter Mischlinge aus dem Tierheim. Einer davon gehörte ihrer Tochter, und sie brachte es nicht übers Herz, ihn wegzugeben. Ihr Schwiegersohn war selbständig und bis spät in der Nacht beruflich unterwegs, und so landete der Vierbeiner schließlich bei Mara, zwei Rüden und eine Hündin. Die Hündin gehörte ihrem Sohn. Da nun alle unter einem Dach wohnten und Mara mittlerweile berentet war, gehörte es zu ihrer täglichen Aufgabe, mindestens dreimal am Tag einen großen Spaziergang zu machen. Alle Leute im Ort kannten das Quartett. Mara konnte die Hunde überall anbinden, ohne dass sich jemand daran störte. Sie hatte sie von Anfang an gut erzogen. Damit das Gebell der Hunde nicht jedem auf die Nerven fiel, hatte sie sich eine Konservendose aufgehoben, die sie zur Hälfte mit kleinen Kieselsteinen füllte, und wenn die Hunde ohne Grund losbellten und dabei vielleicht dachten, das würde Frauchen und Herrchen Freude machen, rasselte Mara mit der Dose, und sofort hörten alle drei auf zu bellen. Für die empfindlichen Hundeohren war das kratzende Geräusch unangenehm. Mara kichert, als sie mir davon erzählt. „Gell Flora, des kannschte heut noch net habbe, wenn ich mim Schlüsselbund rappel!“ Flora ist heute die einzige Hündin, die es aus der Dreiergruppe noch gibt. Sie sitzt da

und schaut mich erwartungsvoll an, als ob sie von mir Unterstützung erwarte. Durch einen kleinen Überbiss sieht sie aus, als würde sie grinsen. Ihre kleinen Zähne schauen aus dem schwarzen Fell hervor. Gerade dreht sie ihren Kopf zu mir und wirkt mit ihrem einen geknickten und einem aufrecht stehenden Ohr rührend. Richtig stolz sitzt sie da und merkt wohl, dass wir gerade über sie sprechen. „Gell, mein Baby …“, sagt Mara und krault sie hinter dem Ohr.
Mara berichtet mir weiter, dass sie, wie gewöhnlich an einem Herbstmorgen mit den Hunden losgelaufen sei. Auf ihrem Weg in die Dorfmitte traf sie ihre ehemalige Arbeitskollegin aus der Zeit in der Drogerie. Nachdem sie sich über die Ereignisse der letzten Jahre ausgetauscht hatten, kamen sie auch auf die neue Bekanntschaft ihres Sohnes. Mara sprach von Melissa, der Freundin ihres Sohnes. Sie selbst kannte sie noch nicht, aber ihr Sohn sprach in letzter Zeit häufiger über seine neue Liebe. Wie es der Zufall so will, kannte Maras frühere Kollegin diese Melissa. Da Mara auch wusste, wo Melissa wohnte, konnten beide Frauen sofort feststellen, dass es sich um die gleiche Person handelte. Im Verlauf des Gesprächs wurde Mara immer unruhiger. So erfuhr sie, dass die große Liebe ihres Sohnes verheiratet war und mit ihrem Mann eigentlich glücklich zusammenlebte. Mara wollte es nicht wahrhaben, denn sie sagte immer wieder: „Das Mädel ist vielleicht getrennt, das würd der Michael nie mache,

e Ehe auseinanderbringe. Und, wie soll des gehe, die treffen sich doch auch am Wochenend!“ Wie sich herausstellte, war Melissas Mann oft wochenlang auf Montage unterwegs. Also konnte Melissa durchaus unentdeckt eine zweite Beziehung führen.

Mara kam nach Hause und konnte es kaum abwarten, bis ihr Sohn am Abend bei ihr am Esstisch saß. Sie wollte nicht gleich mit der Tür ins Haus fallen und sprach ihn deshalb erst nach dem Abendessen an. Sie weiß es noch ganz genau: „Ich hab an dem Owend „Hobbelbobbel“ gekocht, sagt sie mir. Ich frage sie: „Hobbelbobbel, was ist denn das?“ Sie antwortet mir, dass es ein Gericht aus ihrer Kindheit sei. Dabei werden Kartoffeln angebraten, mit Speck, Zwiebeln und Schinken, gekochte Nudeln dazugegeben und mit Ei und Käse gebunden. Zum Schluss wird alles mit Salz, Pfeffer und Kräutern aus dem Garten abgeschmeckt.

Mara und Micheal hatten an diesem besagten Abend zunächst belanglos geplaudert, bis es Mara nicht mehr aushalten konnte. Sie musste ihn jetzt fragen, ob das stimmte, was ihr heute Morgen zu Ohren gekommen war. „Ist deine Freundin verheiratet?“ Michael schaute seine Mutter erstaunt an. Sie hatte die Frage so urplötzlich, mitten in einem anderen Zusammenhang, gestellt. Michael wollte zunächst wissen, wie sie jetzt aus heiterem Himmel heraus, auf Melissa kam. Mara kam dadurch nicht umhin, ihm von dem Gespräch am Vormittag zu erzählen.

„Blödsinn, ist diese Frau verrückt? Melissa is net verheiratet. Die meint bestimmt eine andere Frau“, sagte Michael mit erhobener Stimme.
Mara erschrak zunächst über die grobe Art ihres Sohnes. So erregt hatte er sie schon lange nicht mehr angefahren. Das war eigentlich überhaupt nicht seine Art.
„Is ja gut, ich hab’s ja net bös gmeint, ich will nur net, dass du dich da verrennscht!“ Dabei versuchte sie vorsichtig, ihre Hand auf seine zu legen. Michael wehrte die Hand seiner Mutter mit einer abrupten Bewegung ab, stand auf, schob energisch seinen Stuhl und sagte: „Habt ihr Weiber nix anderes zu tun, als euch über mich und mei Freundin zu unterhalte? Ich bin froh, dass ich se noch net mitgebracht hab, nix Schlimmeres wie ä eifersüchtig Mutter!“ Mit diesem Satz ließ er Maras alleine und ging hinunter in seine Wohnung.
Noch tagelang nach diesem Gespräch hing der Haussegen schief. Mara versuchte vergeblich, auf das heikle Thema zu sprechen zu kommen, aber ihr Sohn gab ihr keine Chance, dort anzusetzen, wo sie mit dem letzten Gespräch aufgehört hatten.

Von Unbeschwertheit keine Rede

Michael wollte die Worte seiner Mutter zunächst nicht an sich heranlassen. Nachdem er die Beziehung zu Melissa in den nächsten Wochen weiter vertiefen wollte, sie jedoch zu manchen Zeiten keine Zeit für ihn hatte, wurde er doch skeptisch. Er merkte selbst, dass da etwas nicht stimmte. An manchen Wochenenden hatte Melissa eine Verabredung mit ihm kurzfristig abgesagt. Einmal behauptete sie, ihre Mutter sei krank geworden, und sie müsse sich um sie kümmern, dann stand ein Besuch bei einer Cousine an, die ihre Hilfe brauchte.

Schließlich wollte Michael Klarheit haben. So fuhr er an einem der abgesagten Wochenenden zu ihr und wunderte sich schon bei seiner Ankunft, dass zwei Autos vor ihrem Haus standen. Michael war bisher erst einmal bei ihr zu Hause gewesen, und das nur ganz kurz, so dass er nicht feststellen konnte, ob sie alleine lebte, oder eben mit einem anderen Mann.

Als er an der Tür klingelte, bekam er schon ein flaues Gefühl in der Magengegend. Bisher hatte er mit seiner Mutter nie wieder über Melissa gesprochen. Die Tür öffnete sich und vor ihm stand ein großer, kräftiger Mann, der etwas älter als er selbst sein musste.

Michael sagte: „Guten Tag, ich möchte zu Melissa“. Er bekam die Antwort, die er erahnt hatte. „Meine Frau steht gerade unter der Dusche, das dauert bestimmt noch, wollen Sie hereinkommen?“ Also doch. Melissa war verheiratet und führte ein Doppelleben. Michael wurde blass im Gesicht und stammelte: „Nein, ist schon gut, ich melde mich nächste Woche bei ihr, richten Sie ihr aus, dass Michael da war … Tschüss und ein schönes Wochenende!“

Er drehte sich fluchtartig um, setzte sich in sein Auto und fuhr mit überhöhter Geschwindigkeit nach Hause. In seinem Kopf ging alles Mögliche durcheinander. Wie ein Hornochse fühlte er sich, Melisssa hatte ihm Hörner aufgesetzt. Er wurde wieder einmal belogen und betrogen, wie auch in seiner letzten Beziehung. Niemals hätte er mit dieser Frau eine Affäre angefangen, wenn er gewusst hätte, dass sie verheiratet war.

Er kam in missmutiger Stimmung daheim an, knallte die Autotür und anschließend seine Wohnungstür zu. Sollte er sich betrinken, um seinen Schmerz zu betäuben, oder hier alles kurz und klein schlagen? Weder noch, Michael konnte seine Aggression nicht herauslassen. Auch als Melissa ihn am nächsten Tag anrief und ihn mit Engelszungen bat, ihr zu verzeihen, reagierte er unbeschreiblich ruhig. Er erklärte ihr, dass für ihn Schluss sei, und dass er mit ihr nichts mehr zu tun haben wolle. Michael litt still in sich hinein, wie er es sein ganzes Leben lang getan hatte.

Mara bemerkte zunehmend eine Veränderung an ihrem Sohn. Sie traute sich in der ersten Zeit nicht zu fragen. Immer noch steckte ihr der letzte Streit in den

Knochen. Sie dachte sich, dass er schon irgendwann mit seinen Problemen herausrücken würde. So war es auch. Allerdings machte er es auf seine Art: „Mit Melissa is Schluss, du hoscht Recht g'happt." Mit diesen kurzen Worten ließ er seine Mutter morgens alleine am Frühstückstisch sitzen. Mara war das gewohnt. Kurz und knapp machte er seine Aussage und vermittelte ihr, dass er nichts Weiteres zu sagen habe, geschweige, groß darüber reden wollte. Also beließ es Mara dabei und war insgeheim froh, dass er selbst einen Schlussstrich gezogen hatte.

Zwei Monate später kam Michael von der Arbeit nach Hause und erzählte seiner Mutter, dass seine Firma verkauft würde. Sein Chef war bereits achtzig Jahre alt und hatte keine Kinder, die den Betrieb übernehmen konnten. So hatte er die Firma mit der Voraussetzung, dass alle bisherigen Mitarbeiter übernommen werden, verkaufen wollen. Mara sagte nur zu ihrem Sohn: „Gott sei Dank, übernehmen die dich, dann kanscht vielleicht auch noch was dezulerne, des hoscht doch sowieso vorg'happt." Tatsächlich hatte sich Michael noch für eine Fortbildung entschieden, er wollte seinen Meister machen. Durch die Episode mit Melissa hatte er kaum noch Zeit für das Lernen gehabt. Er hatte nach kurzer Zeit den Faden verloren. Wie sich jedoch herausstellte, hatte er gar keine Nerven für den ganzen „Theoriekram". „Ich mach die Schul net weiter, ich hab's abgebroche, ich pack des momentan net!" Auch

mit diesen Worten verließ er einfach den Raum. Mara machte sich zunächst keine weiteren Gedanken.
In den Folgewochen kam das eine zum anderen. Michael wurde trotz der Verkaufsverhandlungen entlassen und mit ihm fast die ganze alte Belegschaft. Sein Chef hatte sich, wie sich später herausstellte, leider nur auf eine mündliche Zusage verlassen, und konnte im Nachhinein nicht mehr viel ausrichten. Dadurch wurde Michael arbeitslos und musste sich erst einmal mit der Bürokratie des Arbeitsamtes herumschlagen.
Als Mara davon hörte, glaubte sie zu verzweifeln. Hoffentlich ging das alles gut. Michael beantragte also Arbeitslosengeld und stellte schnell fest, dass ihm auf dem Arbeitsmarkt zwar Stellen angeboten wurden, jedoch zu wesentlich schlechteren Bedingungen. Entweder gab es Schichtarbeiten bei Leiharbeitsfirmen, das bedeutete keine Festanstellung, sondern nur befristet, oder der Lohn war wesentlich geringer als der, den er vorher in der alten Firma erhalten hatte.
Michael wurde immer depressiver. Mara sprach deshalb wieder ihren gemeinsamen Hausarzt an und bat ihn um Hilfe. Sie machte sich große Sorgen um ihren Sohn. Er saß oft wie ein Häufchen Elend bei ihr und obwohl er nicht gerade redselig war, klagte er in dieser Zeit immer wieder: „Mutter, ich kann dir net helfe. Jetzt bin ich auch noch arbeitslos.“ Mara sagte: „Des is doch net dei Schuld, Bub, … Mir schaffe des scho. Ich kann jo auch noch a bissel putze gehe.“

Michael blickte sie traurig an. „Wie soll des lange? Du weischt, dass die Heizung jetzt auch noch verreckt is, und guck der die Fenster an, do ziehts überall durch. Mir missen sowieso nochmol zur Bank. Ich kann die Rate fers Haus nimmer voll bezahle."

Tatsächlich mussten sie bei ihrem nächsten Termin bei der Bank feststellen, dass der Schuldenberg und die zu erwartenden und notwendigen Renovierungsarbeiten finanziell nicht mehr zu bewältigen waren. Ihr Kundenberater schlug deshalb vor, das Haus zu verkaufen. Er sah für beide keinen anderen Ausweg mehr. Mit Maras kleiner Rente und dem Arbeitslosengeld von Michael konnte ein weiterer Kredit oder eine Minderung der vereinbarten Ratenzahlungen nicht bewilligt werden.

Beide verließen die Bank und standen vor einem Scherbenhaufen.

In den nächsten Monaten veränderte sich alles. Das Haus musste verkauft werden und trotz des Erlöses blieb für Mara und Michael fast kaum Geld übrig. Bis die Schulden abgeglichen waren und dazu noch der Umzug gemacht war, schmälerte sich das Geld noch beträchtlich. Mara hatte eine kleine Wohnung in Bahnhofsnähe gefunden. Sie zog dort mit zwei Hunden ein. Michael blieb auch im Ort und nahm eine Hündin mit. Er brauchte nicht viel und suchte sich entsprechend auch nur eine Zweizimmerwohnung. Zudem kam er aus seiner depressiven Phase einfach nicht heraus. Täglich stattete Mara ihrem Sohn deshalb einen Be-

such ab mit dem Vorwand, den Hund mit zum Spaziergang zu nehmen.
Der eigentliche Grund war allerdings ihre Sorge um den Sohn. Immer wieder sagte Michael: „Ich hab dir alles genomme, Mutter, was du dir aufgebaut hascht.“ Mara widersprach ihm immer und immer wieder, und sie machte sich selbst etwas vor, indem sie erklärte, wie froh sie sei, nicht mehr so viel Arbeit in dem großen Haus zu haben. Es war allerdings ein schlechtes Schauspiel, denn ihr Sohn merkte, dass seine Mutter in Wirklichkeit nicht glücklich war und auch die neue Wohnung nicht ihr Zuhause wurde.
Mara sagt mir: „Ich bin einfach net zur Ruh komme und war mit de Nerve am End, ich hab in der Zeit nur bei Marianne mei Herz ausgschütt.“ „Wer ist Marianne?“, frage ich sie. „Auch eune, die ich schon lang kenn, die hot ab dem Tod vom Hubert mir alsemol gholfe, wenn se Zeit g'happt hot.“
Also konnte Mara wenigsten mit einer Person ihre Sorgen teilen. Ihr Schwiegersohn Tobias hatte einige Jahre nach dem Verlust seiner Frau wieder geheiratet und hatte jetzt zwei Kinder. Mara hatte zu der neuen Frau von Tobias ein gutes Verhältnis und wurde Patin beider Kinder. Tobias hatte für Mara immer tröstende Worte, wenn sie in Tränen vor ihm ausbrach und vor lauter Verzweiflung nicht mehr ein noch aus wusste. Er hatte sich auch schon mit Michael unterhalten und versucht, ihn aus seiner Lethargie herauszureißen. Tobias

hatte mit einem Freund zusammen eine eigene Firma aufgebaut und konnte seinem Schwager dadurch einen Arbeitsplatz anbieten. Michael lehnte jedoch die Hilfe von ihm ab und sagte nur, dass er schon etwas Anderes in Aussicht hätte, was sich noch als Lüge herausstellen sollte. Er wollte einfach nichts mehr tun und sich nur noch verkriechen.

Wie ein Alptraum

Anfang Juli 2010: Mara stand morgens auf und wunderte sich über ihre beiden Hunde. Ungewöhnlich war für sie, dass sie noch nicht auf Habachtstellung waren. Sie hatten ihre innere Uhr und standen meist vor Maras Bett, weil sie wussten, dass sie bald „Gassigehen" würden. Heute jedoch lagen beide an der Tür und schauten Mara mit traurigen Hundeblicken an. Selbst als Mara mit ihren „Futterkacheln", wie sie die Futterbehälter ihrer Hunde nannte, lockte, blieben sie, wo sie waren. Mara machte sich weiter keine Gedanken. Sie frühstückte zunächst und las in der Tageszeitung. Nach etwa einer halben Stunde rief Mara bei Michael an. Sie fragte ihn vor ihrem Besuch meist, ob er etwas brauche, Brot oder Wurst. So konnte sie auf ihrem Weg zu ihm alles gleichzeitig erledigen. Michael ging jedoch nicht wie gewohnt ans Telefon.

Sie machte sich kurz nach acht Uhr auf den Weg. Damit sich die Hunde erst einmal austoben konnten, machte sie einen kleinen Umweg über die Felder. Danach kaufte sie noch ein paar Kleinigkeiten ein und bedachte bei ihrem Einkauf auch ihren Sohn. Als Mara am Wohnhaus ihres Sohnes ankam, klingelte sie. Sie hatte zwar zu Hause einen Haustürschlüssel, benutzte diesen aber nicht, weil Michael nicht das Gefühl haben sollte, dass sie seine Privatsphäre nicht respektieren würde. Der Schlüssel war nur für den Notfall gedacht.

Als Michael nicht öffnete, überlegte sie, ob er vielleicht mit dem Hund rausgegangen sei. Das kam zwar morgens selten vor, aber manchmal ließ ihm die Hündin keine Ruhe, und er war gezwungen, vor die Tür zu gehen. Also ging Mara mit ihrem Einkauf und den Hunden im Schlepptau wieder nach Hause. Gegen elf Uhr versuchte Mara erneut, ihren Sohn zu erreichen, indem sie bei ihm anrief. Nach einer weiteren Stunde wurde sie unruhig. Sie lief in ihrer Wohnung hin und her und wusste dabei nicht, was sie tun sollte.
So langsam kam ihr die Situation komisch vor. Ein weiterer Versuch, Michael telefonisch zu erreichen, scheiterte. Weder auf dem Festnetz noch auf dem Handy bekam sie ihn ans Telefon. Also fiel ihr nur noch ein Freund ihres Sohnes ein. Beide hatten zwar in letzter Zeit weniger Kontakt, weil Michael sich mehr und mehr zurückgezogen hatte, dennoch war der Anruf für Mara einen Versuch wert. Sie rief den Freund an und bekam die Antwort, dass der Michael schon wochenlang nicht mehr gesprochen habe. Tobias fiel ihr noch ein. Nachdem sie mit ihm gesprochen hatte und auch hier keine positive Antwort bekam, machte sie sich schließlich wieder auf den Weg zu Michael. Sie nahm diesmal den Schlüssel mit. Egal, ob Michael schimpfen würde, sie konnte es kaum noch aushalten und musste Gewissheit haben. Vielleicht ging es ihm schlecht. Man hörte das ja oft genug, dass Leute hilflos in der Wohnung lagen. So rannte sie fast den Weg zur

Wohnung. Sie klingelte zunächst. Nichts … Schließlich schloss sie die Haustür auf und ging hinauf zu seiner Wohnung. Als sie schon an der Tür stand, hörte sie das Winseln der Hündin. Sie schloss die Tür auf und rief: „Michael“ Keine Antwort. Nur der Hund sprang aufgeregt an ihr hoch.

Mara verharrt in ihrer Rede: „Als wenn se mich hätt feschthalte wolle. Die is wie verrückt um mich rum, so arg war des bis do hi noch nie.“ Mara ging weiter bis zur Küche. In dem Moment, als sie das Bild vor sich sah, das sich ihr bot, fing ein Alptraum für sie an.

Mitten im Raum an der Decke hing ihr Sohn an einem dicken Strick. Mara schrie und stürzte in die Küche. Sie schob den an der Seite stehenden Tisch unter seine Füße und versuchte, seine Beine auf den Tisch zu ziehen. Nach einiger Zeit gab sie es auf und wollte es anders versuchen. Sie holte ein Messer aus der Schublade, stieg auf einen Stuhl und schnitt das Seil, an dem er leblos hing, mit aller Kraft durch. Wie sie das geschafft hatte, weiß sie bis heute nicht. Es dauerte für sie eine Ewigkeit, während sie gleichzeitig immer wieder um Hilfe schrie. Mara entwickelte in diesem Moment ungeahnte Kräfte und fing Michael irgendwie auf, so dass sein Körper nicht mit voller Wucht auf den Boden schlug. Sie versuchte vergeblich, das Seil von seinem Hals zu lösen, und merkte während all der Bemühungen, dass jede Hilfe zu spät kam. Sein Gesicht war blutleer. In ihrer Verzweiflung rannte sie die Hausstufen hinunter und klingelte bei den Nachbarn, um Hilfe zu holen. Sie war nicht imstande den Notruf abzusetzen. Alles geschah wie im Traum. Noch Tage nach dem tragischen Ereignis hatte Mara in ihren Gedanken Lücken. Der Notarzt, die Polizei, alles um sie herum schien unreal. Das Schrecklichste, was das Leben ihr noch bestimmt hatte, war eingetreten. Jetzt hatte sie auch noch ihren Michael verloren. Warum nur, wurde sie wieder aufs Neue geprüft.

Ich sehe, wie Mara noch heute leidet: „Ich hab doch niemand was Böses gedan. Warum hot der do obbe, mir net wenigschtens eu Kind glosse?“ Dabei geht ihr Blick nach oben zum Himmel, und sie sagt weiter: „Jetzt glaub ich net mer dran, dass es den überhaupt gibt.“ Ich selbst komme bei all den Schilderungen ins Zweifeln. Wieso muss ein Mensch so viel ertragen, noch dazu wenn man Mara kennt, eine Person, die keiner Fliege etwas Böses tut.

Zur Beisetzung standen Mara ihr Schwiegersohn, dessen Frau und eine Freundin zur Seite. Wieder stand Mara auf dem Friedhof und blickte auf das große Grab, in dem Hubert, Petra und jetzt auch Michael beerdigt waren. In diesen Tagen hatte sie wieder Fluchtgedanken. Sie wollte am liebsten weglaufen.

Sie hielt es in ihrer Wohnung nicht mehr aus. Immer, wenn sie zur Tür blickte, glaubte sie, ihr Sohn stünde im Türrahmen. Sie konnte es einfach nicht mehr ertragen und hatte nur einen einzigen Gedanken: selbst nicht mehr leben zu wollen. Auch sie stand dem Tod näher, als ihre Mitmenschen wohl gemerkt haben. Sie ließ es wieder nicht zu, ihren Schmerz ihrem Umfeld zu zeigen. So quälte sie immer ein Lächeln hervor, wenn sie anderen begegnete, damit ja keiner sehen konnte, wie schlecht es ihr ging. Sie fiel, stand auf und lief weiter, wie schon so oft in ihrem Leben.

Nachdem sich der Herbst angekündigt hatte, die Blätter sich rot verfärbten und die Tage immer kürzer wurden, wollte Mara nur noch hinaus in die Natur. Sie musste einfach raus und loslaufen, jedoch nur noch mit zwei Hunden, da sie den Rüden vor ein paar Tagen hatte einschläfern lassen müssen. Er war zu alt und sein Herz spielte nicht mehr mit. Auch das waren für Mara wieder schwere Tage. Eines Tages traf sie eine Frau, die ihr von einer freistehenden Wohnung im Ort erzählte. Gleich am Nachmittag machte sie sich auf den Weg und stattete den Hausbesitzern einen Besuch ab. Sie kannte das Ehepaar schon lange, und nach einem kurzen Gespräch bekam sie die Zusage für die Wohnung, die in der Dorfmitte lag. Sie hielt es in der alten Wohnung einfach nicht mehr aus. Zuviel erinnerte sie an ihren Sohn. Michael hatte ihr die Gardinenstangen montiert, die Möbel aufgebaut und hatte oftmals bei ihr am Tisch gesessen. Sie brauchte einfach eine Veränderung und rannte wieder einmal vor der Vergangenheit davon.

Nach wenigen Wochen war es so weit. Mara zog um

und war froh, dass Freunde und auch Tobias halfen. Ihre Familie, das heißt die Angehörigen ihres Mannes und vor allem ihre Schwägerin Elisabeth, hatten sie wenig unterstützt. Diese Schwägerin hatte nie viel dazu beigetragen, Mara zu helfen. Sie wollte sie eher bevormunden und ihr sagen, was sie zu tun und zu lassen hatte. Mara wollte sich oft dagegen wehren, hatte aber immer die Angst, sie würde sie dann wieder im Ort schlecht machen. Ein Zustand, der sich, wie Mara mir berichtet, bis heute nicht wesentlich geändert hatte. Die Zeit raste dahin, und es ging auf die Weihnachtszeit zu. Die neue Wohnung verlor nach und nach an Gemütlichkeit. Zwar hatte Mara alles liebevoll eingerichtet, und wieder einmal ihr Dekorationstalent gezeigt, dennoch kamen die ersten negativen Dinge des Wohnungswechsels zum Vorschein. In diesem Winter wurde es bitter kalt und es brachte auch nichts, die Heizungen vollständig aufzudrehen. Überall blieb es kalt: im Wohnzimmer, im Bad, in der Küche. Im Schlafzimmer hatte sie bereits auf ihrem Bett mehrere Decken übereinandergelegt, um vor Kälte überhaupt einschlafen zu können. Es wurde einfach nicht warm. Die Vermieter wollten ihr bei dem Problem nicht helfen. Da sie immer schon ein harmoniebedürftiger Mensch war, traute sie sich nicht, ihre Miete zu mindern, um die Besitzer zu zwingen, etwas zu tun. Sie wollte den Winter noch durchstehen und dann sehen, wie sich das weiterentwickeln würde und vielleicht nach einer anderen

Bleibe suchen. An Heiligabend war sie bei Tobias und seiner Familie eingeladen. An Silvester war sie zum ersten Mal alleine in ihren vier Wänden. Am Todestag ihrer Tochter fehlte nun auch noch Michael. Eine entsetzliche Vorstellung, wenn ich daran denke, wie sie sich unter diesen Umständen immer am Jahresende fühlen muss.

Trügerisches Glück

Mara sitzt mir gegenüber. Ihre Hände zittern, als sie ihre Kaffeetasse zum Mund führen will. Schnell stellt sie die Tasse wieder auf den Unterteller zurück und schaut mich an: „Heut ist's mit meinem Zittern wieder ganz schlimm. Ich hab heut Morge schon Gschirr kaputt g'macht." Auf meine Frage, ob ihr Zittern schlimmer geworden sei, erfahre ich von ihr einige Dinge mehr. Wie sie mir ja schon berichtet hatte, hatte Mara nach dem Verlust ihrer Familie sehr viele gesundheitliche Probleme – das Zittern war da noch ihr kleinstes. Bei ihr wurde zunächst Gebärmutterhalskrebs und zwei Jahre später Brustkrebs diagnostiziert. Als ich noch einmal nachfrage, bin ich erschrocken über ihre Reaktion. Sie winkt mit der Hand ab und sagt: „Da will ich nix davon wisse, des is alles rum! Ich will ach nix mehr von einem Krankenhaus sehe."

Ich kann die Worte, die mir in diesem Moment in den Kopf kommen, nicht zurückhalten: „Mara, um Gottes Willen, das ist doch keine Kleinigkeit! Du erzählst mir von zwei Krebsleiden, und du sagst das, als hättest du einen Schnupfen gehabt. Wer hat sich in dieser Zeit um dich gekümmert?"

„Ich selbst, wer sonscht", antwortet sie mir. Jetzt fehlen mir die Worte, und wir sitzen uns einige Minuten schweigend gegenüber. Schließlich will ich wissen, wie sie ihr Leben weiter gestaltet hat. Mara berichtet,

dass sie einige Reisen unternommen hat, um wieder in das Leben zurückzufinden. Wie immer hat sie wieder die Flucht nach vorne ergriffen, um die schlechten Zeiten zurückzulassen.
Einiger Zeit nach diesem Gespräch traf Mara einen ehemaligen Nachbarn aus jungen Jahren häufiger auf dem Friedhof. Er war schon lange Witwer, sah für sein Alter noch recht gut aus und hatte anscheinend Gefallen an ihr gefunden. Mara machte zunächst keine Anstalten, ihm wieder zu begegnen. Im Gegenteil, sie ging ihm eher aus dem Weg.
Als ihr klar wurde, dass er ihr nicht unbedingt zufällig über den Weg lief, wurde sie aufmerksam. Richard, so hieß er, sagte ihr beim nächsten Zusammentreffen, dass er sie gerne einmal zum Essen einladen wolle. Mara fühlte sich geschmeichelt und dachte, das wäre vielleicht einmal eine Abwechslung. Schließlich kannten sie sich ja schon sehr lange. Also holte er sie eines Abends ab und führte sie in ein schönes Restaurant im Nachbarort. Der Abend verlief schön, und Mara genoss es richtig, dass er ihr den Hof machte. Sie ließ sich umwerben. In den nächsten Wochen brachte er ihr Blumen, Pralinen, und auch sonst verwöhnte er sie mit netten Kleinigkeiten. Nach einiger Zeit, spürte sie ein leichtes Herzklopfen, wenn er auf sie zukam. Vielleicht hätte sie wenigstens noch ein paar schöne Jahre vor sich? Sie glaubte fest daran. Nach einigen Monaten war Richard der Meinung, dass sie doch zu

ihm ziehen sollte. Er, der Witwer war allein in seinem großen Haus, und ihm fehlte eine Frau an seiner Seite. Maras Kochkünste hob er bei jedem Essen in die Höhe, und sie war froh, wieder eine Aufgabe zu haben. Er brauchte sie, und sie brauchte ihn. Endlich ein Mensch, der für sie da war.

In den nächsten Wochen und Monaten hatte Mara keine Zeit, Trübsal zu blasen. Sie war damit beschäftigt, ihren Umzug in ihr neues Zuhause zu planen. Damit Richard nicht das Gefühl haben sollte, dass sie sich einfach in ein gemachtes Netz setzen wolle, bot sie ihm an, dass sie sich an den erforderlichen Renovierungsarbeiten im Haus finanziell beteiligen würde. Eigentlich ganz verständlich. Welche Frau möchte in den Erinnerungen ihrer Vorgängerin leben. Richard nahm den Vorschlag gerne an und Mara nahm eine nicht gerade kleine Summe ihrer letzten Ersparnisse und kaufte dafür Holz für neue Böden, Tapeten und Vorhänge. Sie freute sich schon auf das Dekorieren. Endlich hatte sie wieder ein Ziel vor Augen, einen Lebenssinn und das Gefühl von Geborgenheit.

Es war Mitte August, als Mara den Wohnungsschlüssel in ihrer alten Wohnung ein letztes Mal aus dem Türschloss zog. Sie wohnte wieder in ihrer alten Straße, wo einst ihr Familienleben in diesem Dorf begonnen hatte, nur auf der anderen Seite ihres früheren Hauses.

„Hat es Dir nichts ausgemacht, dass du genau gegenüber gewohnt hast?“, frage ich sie. „Schließlich muss-

test du ja das Haus, das du damals mit deinem zweiten Mann gebaut hast, verkaufen. Ich glaube, ich hätte das nicht gekonnt, andere Leute da ein- und ausgehen zu sehen.“ Mara wirkt nachdenklich und antwortet mir: „Am Anfang war es komisch. Ich hab immer g‘dacht, meine Drei kommen die Haustür raus.“ Damit meinte sie ihren Mann und ihre beiden Kinder.
Das sollte aber nicht der traurigste Teil ihres Umzuges sein.
Mara kannte beide Kinder von Richard. Von Anfang an konnte sie besser mit seinem Sohn umgehen. Seine Tochter dagegen kam ihr mit Ablehnung entgegen. Als beide Kinder davon erfuhren, dass Mara in ihr Elternhaus einziehen wollte, redeten sie vehement auf ihren Vater ein. In Mara sahen sie die Rivalin, die den Platz ihrer Mutter einnehmen wollte. Dabei hätte Mara für beide eine Bereicherung sein können. Sie sorgte für ihren Vater, und da sie selbst nun keine Kinder mehr hatte, wäre sie auch bestimmt als Ersatzoma wertvoll gewesen. Mara fühlte sich zurückgestoßen. So sehr sie sich bemühte, beide Kinder räumten ihr keine Chance ein. Im Gegenteil: Als sie einen Brief in der kleinen Poststelle aufgab, sprach eine der vielen „Tratschtanten“ sie an, ob sie wüsste, wie schlecht sie die Tochter von Richard überall machen würde. Mara war entsetzt über das, was ihr da zu Ohren kam. Nie hätte sie gedacht, dass sich die Situation so zuspitzen würde.
Leider wohnte Christiane, die Tochter von Richard,

genau hinter dem Elternhaus. Sie hatte mit ihrem Mann dort einige Jahre zuvor ein Haus gebaut. Mara musste ihr manchmal täglich begegnen. Sie spürte den Hass, den die Tochter mit sich trug. Mara wollte unbedingt Klarheit schaffen. So sprach sie Christiane am nächsten Tag an und wollte von ihr wissen, was sie ihr getan habe, dass sie so schlecht über sie sprach. In der Hoffnung, dass sich alles in Wohlgefallen auflösen würde und an dem „Geschwätz“ von den Leuten nichts dran war, ging sie auf sie zu. Christiane hatte in diesem Moment keine Möglichkeit auszuweichen. „Du Christiane, mir isch da was zu Ohre komme und ich konnt die halb Nacht net schlafe. Wieso schimpfst Du überall so über mich? Ich hab Dir doch nix gemacht. Dein Vatter hot mich ins Haus geholt und glaub mir, ich will de Platz von doiner Mutter net streitig mache. Ich hab se jo gekennt …“ Weiter kam Mara in ihren Erklärungen nicht. „Verschwind aus dem Haus, sag ich dir nur! Du wirscht hier net glücklich, do sorg ich defür … Des is unser Haus und du muscht es dir net unter de Nagel reiße!“ Damit stubste sie Mara zur Seite, ging auf ihr Auto zu, stieg ein und fuhr mit aufheulendem Motor die Straße hinunter.

Zurück blieb eine sprachlose und regelrecht erstarrte Mara. Tiefster Hass sprach aus Christiane. Allein der Ton, in dem sie mit ihr gesprochen hatte, erschütterte sie. Noch Stunden später saß Mara an ihrem Küchentisch und war wie versteinert. Als Richard einige Stunden später nach Hause kam, berichtete sie ihm über die Begegnung mit seiner Tochter. Sie brach in Tränen aus. Richard dagegen hatte keine Worte für das Verhalten seiner Tochter. Auch bei seinem Sohn hatte er Mara schon oft verteidigen müssen. Da die Schwester einen großen Einfluss auf ihn hatte, ließ er sich nicht davon überzeugen, dass Mara keine Feindin für beide war. Er wollte keinen Ärger mit seiner Schwester und sprach ihr daher eher nach dem Mund, als sich ihr entgegenzustellen. In den darauffolgenden Wochen eskalierte die Situation, und Mara stellte Richard vor die Wahl, entweder er würde mit ihr in eine andere Wohnung ziehen, oder sie würde wieder ihre eigenen Wege gehen. Mara konnte nicht mehr aushalten, wie sie regelmäßig angefeindet wurde. Sie wollte doch nichts Außergewöhnliches, nur ein friedliches Leben führen. Leider war ihr das in dieser Umgebung nicht vergönnt.

Richard hatte sich an Maras Anwesenheit gewöhnt und wollte nicht alleine zurückbleiben. Mara sah im Amtsblatt eine Anzeige, in der eine Dreizimmerwohnung zur Miete angeboten wurde. Als sie sich bei den Eigentümern um die Wohnung bewarb und gute Chancen sah, die Wohnung zu bekommen, sprach sie mit Richard. „Ich hab was gfunde für uns. Die Wohnung koscht 550 Euro kalt und die wolle noch zwei Monatsmiete Kaution habbe. Was mir mache müssten, is tapeziere und mir werden au e neie Küch brauche. Die dohin passt net nei.“ Richard hörte sich alles an und blieb zunächst schweigsam. Mara wunderte sich, dass er so interessenlos blieb. Erst war er ganz ihrer Meinung, umziehen zu müssen, und jetzt machte er keine Anstalten, sie zu unterstützen. „Kannscht mir mol sage, was mit dir los is in de letschte Dach“, fragte sie ihn deshalb. Nach langem Hin und Her rückte er mit der Sprache heraus. Mara musste sich erst einmal hinsetzen, als sie von dem Dilemma erfuhr. Richard beichtete ihr, dass er sehr viele Schulden habe und seine Kinder davon keine Ahnung hatten. Er hatte eine kleine Rente, und wann immer er Geld brauchte, lieh er sich überall Geld und stotterte es irgendwie ab. Momentan wüsste er nicht, wie er überhaupt weiter über die Runden kommen könne.

„Und des sagscht du mir erscht jetzt!“ Mara traute ihren Ohren nicht. Er hatte bei Gott und der Welt Schulden gemacht und dabei auch Mara hintergangen. Das ganze Geld, das Mara in dieses Haus gesteckt hatte, würde nie mehr zusammenkommen. Bisher war Mara der Meinung, er könnte ihr dabei helfen, ein paar Reserven auf die Seite zu bekommen. Diesen Gedanken konnte sie beiseiteschieben. Wieder einmal alleine gelassen mit ihren Sorgen, schlief sie in dieser Nacht kaum.

Am nächsten Morgen stand sie auf und mit ihr Maras Kampfgeist. Jetzt musste sie alleine schauen, wie sie einen Umzug finanziell bewältigen konnte. Sie wollte hier raus, und keiner konnte sich ihr mehr in den Weg stellen. So unterschrieb sie noch in der gleichen Woche einen Mietvertrag für eine neue Wohnung, ging zu ihrer Bank und bat darum, ihr Konto überziehen zu dürfen. Der Bankmitarbeiter kannte sie schon lange und vertraute dieser Frau, die ihm in diesem Moment wieder einmal leid tat. Er kannte ihre Geschichte und wusste, wenn eine das schaffen konnte, dann diese Frau. Also stimmte er zu, und Mara hatte das nötige Geld für die Kaution, die Küche und somit auch für den gesamten Umzug zur Verfügung.

Richard zog mit ihr in die neue Wohnung. Mara freute sich auf die Dekorationsarbeiten in ihren eigenen vier Wänden. Jetzt konnte ihr niemand mehr den Alltag trüben. Gleichzeitig hatte sie die Möglichkeit, einen kleinen Schrebergarten zu kaufen. Da sie jedoch kein Geld mehr hatte, war das ein Plan, den sie zwar von Herzen gerne umsetzen wollte, sich jedoch sofort aus dem Kopf schlug. Als sie ihrem Schwiegersohn, der ihr auch beim Umzug half, von dem Garten erzählte, hatte er sofort eine Idee, wie er ihr helfen konnte. Er hatte ihr viel zu verdanken. Als seine Frau damals so schwer krank war und das junge Paar das neue Haus baute, hatte Mara ihnen oft etwas Geld zugesteckt, und sich selbst lieber nichts gegönnt. Endlich konnte er Mara etwas zurückgeben. „Ich möchte dir den Garten kaufen. Mir geht's mit meiner Firma so gut, dass ich davon was abgeben will. Du haschts's verdient und kannscht net nur für andre alles gebe."

Mara war überglücklich und als das nächste Frühjahr ins Land zog, arbeitete sie in ihrem Garten. (Wie immer mit dem berühmten „Grünen Daumen".)
Richard half ihr am Anfang, wo er nur konnte. Da Mara keinen Führerschein hatte und sein Auto einige Mängel aufwies, beschloss sie nach einem Jahr, nachdem sie die finanzielle Belastung des Umzuges überwunden hatte, ihm Geld zu einem kleinen gebrauchten Auto zu geben. Sie hielt dies für selbstverständlich, auch weil er sie dorthin fuhr, wo sie etwas zu erledigen hatte.
Eigentlich hätte alles eine schöne Zeit werden können. Richard hatte regen Kontakt zu seinen Kindern, und Mara akzeptierte das. Wenn ein Familienfest, z. B. ein Geburtstag anstand, ging er alleine zu seiner Familie. Mara war weiterhin dort nicht erwünscht. Auch der Besuch seiner Tochter in der neuen Wohnung wurde so geplant, dass Mara nicht zu Hause war.
Es bürgerte sich ein, dass Mara immer häufiger an Feiertagen alleine daheim saß. Auch in der Weihnachtszeit, die für sie keine leichte Zeit war. Obwohl sie mit Richard zusammenlebte, fühlte sie sich häufig alleine. Richard traute sich nicht, bei seinen Kindern ein klares Wort zu sprechen und endlich zu Mara zu stehen. Immer mehr kam diese sich wie seine Haushälterin vor, und sie wurde zunehmend unglücklicher. Wieder einmal hatte sie ein Partner enttäuscht.

Umziehen wird zur Gewohnheit

Mara dachte, dass sie endlich eine dauerhafte Bleibe gefunden hatte. Jetzt wohnten Richard und sie schon ein Jahr hier. Als sie eines Tages an den Briefkasten ging, wunderte sie sich, dass er von ihrem Vermieter kam. Sie hatte die letzte Stromabrechnung bereits erhalten, und sie war nun sehr neugierig auf den Inhalt des Briefes. Sie öffnete ihn und las die ersten Zeilen. Sie glaubte kaum, was da stand: „Kündigung wegen Eigenbedarfs“. Maras Hände fingen an zu zittern. Das gibt es nicht, dachte sie.

„Wie, du musstest wieder umziehen?“ Mara schaut mich an und sagt: „Ja, zwei Monat später sind mer dann zwei Ortschafte weiter gezoge. Ich hab dazwische noch ei Reise nach Australien gemacht, und zwar aloi ohne de Richard. Erscht wollt ich net, aber dann war es gut, dass ich weg war. Des hot mer die Kraft gebbe, wieder frisch anzupacke.“

„Da hast du ja dein ganzes Geld wieder in den Umzug gesteckt“, unterstelle ich einfach. Mara nickt und erklärt mir, dass sie das Geld für die Reise eisern zusammengespart hatte und dann nach dem erneuten Umzug zur Bank gehen musste, um dort wieder Hilfe zu erhalten. Ihr Konto war überzogen, und sie hatte diese Reise bereits gebucht und angezahlt, noch bevor die Kündigung kam. Das Spiel ging also von vorne los. Mit Richard im Schlepptau, der zu dieser Zeit immer

mehr kränkelte, meisterte Mara diese Strapazen. Sie zogen ein und nach einem dreiviertel Jahr stellten beide fest, dass die Wohnung voll Schimmel war. Bei der vorangegangenen Renovierung hatten die Eigentümer alle Schäden übermalt, so dass man bei Einzug keinen Schimmelbefall sehen konnte. Richard hustete nur noch, und auch Mara hatte Probleme beim Atmen. Nach langen Überlegungen blieb ihnen nichts anderes übrig, als erneut auf Wohnungssuche zu gehen. Mara war ja darin geübt und hatte schnell Ersatz gefunden. Sie zogen wieder in den alten Ort zurück und mussten dabei das Geläster der Bürger ertragen. Überall, wo Mara unterwegs war, wurde sie angesprochen: „Sag mal, ist des dei neues Hobby – umzuziehe?“
Mara gab es irgendwann auf, immer alles zu erklären. Sie ließ die vielen Sprüche über sich ergehen, litt aber darunter. Denn keiner dieser Schandmäuler hatte ihr je Hilfe angeboten, obwohl so manche unter ihnen waren, denen sie zu Festlichkeiten Torten gebacken hatte, oder deren Kinder in früheren Zeiten oft an Maras Mittagstisch saßen. Mara hatte ihr Leben lang gegeben, aber selten die Gelegenheit, etwas zu erhalten.
Ein Jahr lang ging alles gut in der neuen Wohnung, bis auf die Winterzeit, in der Mara mit einer Decke und einer Wärmflasche durch die Wohnung gehen musste. Die Heizung brachte kaum Wärme und nur überhöhte Kosten mit sich, und abgesehen von den sanitären Einrichtungen waren so manche Mängel festzustellen.

Mara hatte vergeblich versucht, ihren Vermieter davon zu überzeugen, dass er unbedingt die Reparaturen ausführen müsste. Doch es geschah nichts.
Nach gründlichen Überlegungen und der Tatsache, dass Richard und sie nur noch kränkelten, suchte sie wieder einmal nach einer neuen Bleibe. Sie hörte von einer Freundin, dass fünf Kilometer weiter eine schöne Wohnung mit Garten im Erdgeschoss frei wurde. Mara ließ keine Zeit verstreichen und sprach bei der Vermieterin noch am gleichen Tag vor. Sie hatte Glück und bekam die Zusage für die Wohnung. Die Vermieterin erklärte ihr, dass zur Wohnung die Verpflichtung käme, den Garten zu pflegen und ganz wichtig war ihr, dass die Ritzen im gepflasterten Hof des Anwesens immer frei von Unkraut zu halten wären. Mara, die ja eine passionierte Gärtnerin war, war hellauf begeistert. So konnte sie ihren kleinen Schrebergarten aufgeben und hatte ihren eigenen Garten endlich wie früher vor der eigenen Haustür.
Als Mara und Richard einzogen, blieb die Hauptarbeit wieder einmal an ihr hängen. Sie packte ein und packte aus, kümmerte sich um den ganzen Ablauf des Umzugs, zahlte die Rechnungen, die für den ganzen Aufwand anfielen und hörte sich wie immer die Kommentare von Bekannten und Freunden an. Die, die wieder einmal viel zu sagen hatten, hatten allerdings überhaupt keine Zeit, ihr zu helfen. Auch das ging vorbei und Mara baute sich wieder ihr kleines Reich auf.

Von Anfang an wirbelte sie im Garten herum und in kurzer Zeit verwandelte sie alles in eine gepflegte Umgebung. Sie nahm dort, wo sich eine Gelegenheit bot, kleine Pflanzen mit und ersetzte die kaputten Pflanzen im Garten durch die Neuen. Es war einfach alles perfekt.
Richard dagegen baute von Tag zu Tag mehr ab. Sie machte sich Sorgen und versuchte erneut, seine Kinder zu veranlassen, nach ihrem Vater zu sehen. Maras Kräfte ließen nach. Sie hatte sich so sehr überarbeitet, dass sie selbst des Öfteren zum Arzt gehen musste. Ihre Ärztin warnte sie dabei, dass sie es nicht mehr übertreiben dürfe. Ihre Gesundheit sei eh schon in den vergangenen Jahren angeschlagen, und sie riet ihr auch, nicht mehr alles alleine zu machen.
Richards Kinder dagegen kümmerten sich einfach nicht um ihn. So entstanden Situationen, die für Mara unerträglich waren.
Eines Abends brach Richard zusammen, und Mara musste den Notarzt holen. Der Versuch, seine Tochter zu bewegen, schnell zu kommen und sich um verschiedene Dinge zu kümmern, scheiterte.
Sie sagte Mara, sie hätte keine Zeit und ihr Vater lebe schließlich bei ihr. Richard wurde ins Krankenhaus eingewiesen und von Kopf bis Fuß untersucht. Wie sich nach einigen Tagen herausstellte, hatte er einen Gehirntumor. Mara war von der Nachricht zwar geschockt, aber nicht überrascht. Sie hatte so etwas

schon vermutet. Zwar dachte sie, er wäre dement, weil sie ihm immer alles mehrfach erzählen musste und er oft Dinge behauptete, die gar nicht so waren. Wieder einmal nur Sorgen und vor allem Begebenheiten, die ihr wieder alle Kraft abforderten. Richard wurde operiert, bestrahlt und kam wieder nach Hause. Leider war er ein Pflegefall. Mara konnte mit niemanden über ihre Ängste und Sorgen reden.

Sie erzählt mir, dass sie die Pflege nicht leisten konnte. „Ich hab mit Richard immer ausgemacht, wenn euner von uns Mal nimmer kann, dann muss der andere net für ihn sorge. Ich hab gleich von Anfang an zu im gsagt, dass ich ihn net pflegen kann, wenn er krank wird. Des könnt ich nimmer; ich hab selbst ke Kraft mehr." Mara sieht mich fast verzweifelt an und ihn ihrem Blick sehe ich, wie schwer ihr diese Entscheidung gefallen sein muss. Sie ist kein Mensch, der einen anderen im Leid alleine lässt. Sie musste bestimmt gegen das schlechte Gewissen ankämpfen, ihn im Stich gelassen zu haben. Auf Empfehlung ihrer Ärztin sollte sie die Pflegschaft für Richard ablehnen. Richard hatte zwar Verständnis für Maras Entscheidung, jedoch wieder einmal Angst vor seinen Kindern.

Mara dagegen nahm sich wenig Zeit, darüber zu grübeln, und handelte. Sie rief bei Richards Tochter an und teilte ihr mit, dass sie Richard nicht weiter bei sich behalten konnte. Wie sich jedoch Tage nach dem Gespräch herausstellte, kam keine Reaktion. Richards

Zustand verschlechterte sich noch einmal. Er bekam einen Schlaganfall und wurde wieder ins Krankenhaus eingewiesen. Nun konnte Mara nicht weiter zusehen. Sie teilte dem Krankenhaus mit, dass sie Richard nicht mehr in ihrer Wohnung aufnehmen könnte und er in ein Pflegeheim oder zu seinen Kindern gehen müsse.
Die folgenden Tage wurden für Mara zur Hölle. Richards Kinder ließen nichts aus. Sie beschimpften Mara aufs Übelste und was das Schlimmste für sie war: Sie bekam sofort einen Brief von einem Anwalt. Mara wurde aufgefordert, für Hotelkosten aufzukommen. Da keiner der Kinder angeblich Platz für den Vater hatte, sollte er die Zeit in der noch kein Pflegebett in einem Heim frei war, in einem Hotel untergebracht werden. Mara war mit ihren Nerven am Ende. Sie hatte unendliche Angst, dass ihr jetzt auch noch ihre letzten Habseligkeiten genommen würden.
Mara nahm sich selbst eine Anwältin und erkämpfte ihr Recht. Richard hatte den Mietvertrag Gott sei Dank nicht mitunterschrieben. Also hatte Mara überhaupt keine Verpflichtung, die Kosten für ein Hotel zu tragen. Sie musste ihm lediglich seine persönlichen Sachen aushändigen und damit war der Fall für sie erledigt. Leider blieb Mara auf den Rechtsanwaltskosten sitzen, denn sie hatte keine Rechtsschutzversicherung. Auch das Geld, was Richard ihr noch schuldete, war nicht eintreibbar. Alles in allem war Mara wieder die Verliererin.

Nach einigen Wochen beruhigte sich alles wieder. Sie bekam keine unerwünschten Besuche von Richards Kindern mehr und hörte nur noch selten etwas von Bekannten und Nachbarn. Mara hätte somit zufrieden sein können.

Mara am Ende ihrer Kräfte

Mara war wieder alleine unterwegs. Das heißt, außer ihrer kleinen Hündin natürlich, der letzten aus dem Hundetrio. Diese war zwar nicht mehr so fit, aber dennoch ein guter Grund, mehrfach am Tag unterwegs zu sein. Die Hündin vermisste Richard. Immer, wenn sie einen Mann irgendwo sah, dachte sie wahrscheinlich das „Herrchen“ wäre es, und sie wurde richtig aktiv. Sie war enttäuscht und ließ die Ohren hängen, wenn sie merkte, dass der Mann auf der anderen Straßenseite nicht Richard war. Mara dagegen lebte erst einmal auf, hatte aber keine Ruhe. Sie wirbelte herum und versuchte, alle Energie in den Garten und die Umgestaltung ihrer Wohnung zu stecken. Richard hatte zwar nicht viele Möbel mitgenommen, aber dennoch hatte Mara das Bedürfnis, seine Schatten zu beseitigen.

Als sie einmal gerade im Garten vor dem Blumenbeet kniete, kam der Mann ihrer Vermieterin zu ihr. Er war sehr nett und plauderte gerne mit ihr. Sie hatten im Haus noch eine kleine Wohnung, die sie selbst immer dann nutzten, wenn sie hier zu Besuch waren. Im Verlaufe des Gesprächs erwähnte er, dass vielleicht seine Enkelin in Maras Wohnung einziehen würde und irgendwann Maras Wohnung von ihr benötigt werde. Mara blieb die Sprache weg. Sie traute ihren Ohren nicht. Sie wusste zwar, dass am Ende der Straße noch ein Anwesen war, das ebenfalls ihren Vermietern gehörte. Dort hatte Jahre lang eine ältere Frau gelebt. Ihr wurde wegen Eigenbedarf in diesem Monat gekündigt. Mara hätte aber nie daran gedacht, dass es vielleicht auch sie treffen könnte.

Kaum hatte sich Mara von der Nachricht erholt, wurde ihr Gesprächspartner auch schon mit ruppigen Worten ins Haus gerufen. Seine Frau sah es nicht gerne, wenn ihr Mann mit anderen Frauen redete. Das war schon ein Gesprächsthema unter den Nachbarn. „Sie ist eine böse Frau. Er ist ein so lieber Mann, der hat aber nix zu melden.“ Mara hatte das zwar immer von den Einheimischen gehört, aber auch selbst oft miterlebt. Selbst im Rathaus waren die Mitarbeiter immer gestresst, wenn Maras Vermieterin dort auftauchte und etwas zu erledigen hatte. Diese Frau hatte sich grundsätzlich über alles zu beschweren. Von ihr ging nichts Positives aus.

Mara schlief die nächsten Tage kaum noch. Ihre Gedanken kreisten immer wieder darum, dass sie wahrscheinlich wieder umziehen müsse. Sie wollte sich zunächst erneut um eine Wohnung im betreuten Wohnen bemühen. Zwei Jahre zuvor hatte sie schon einmal den Antrag gestellt, leider ohne Erfolg. Auch jetzt wurde sie wieder auf eine Warteliste gesetzt, allerdings mit dem Hinweis, dass sie noch nicht krank genug sei. Eine Mitarbeiterin der ausgewählten Einrichtung sagte ihr im Vertrauen: „An ihne verdienen wir net genug, Sie brauchen noch keine Rundumversorgung.“

Nachdem Mara mit ihren Gedanken und Sorgen ihren Alltag mehr oder weniger mühsam bewältigte, merkte sie, dass sie kaum noch die Wegstrecke vom Supermarkt zur Wohnung schaffte. Flaschen konnte sie, wenn überhaupt, nur einzeln tragen. Wenn eine Nachbarin mal zum Einkaufen fuhr und sie mitnahm, musste sie dafür oft mehr Geld ausgeben, als ihr lieb war. Eine von ihnen legte ihr einen Artikel aufs Band und sagte: „Dafür, dass ich dich mitgenomme hab, kanscht mer das bezahle.“ Dabei handelte es sich oft nicht gerade um Kleinigkeiten. Mara tat es, aus Angst, sonst niemanden mehr zu haben, den sie fragen konnte. Es musste sich also etwas ändern und das schnellstmöglich.

Jetzt komme ich ins Spiel. Als ich von Maras Kummer in einer unserer Handarbeitsrunden erfahre, habe ich es meinem Mann erzählt. Er, der Mara nur von einer kurzen Begegnung in unserem ehemaligen Wohnort kannte, hörte sich zunächst die Geschichte an. Er hatte Mara kennengelernt, als sie eines Tages vor unserer Haustür stand und ihn fragte: „Guten Tag, is ihr Frau do? Ich bräucht noch en Bobbel Woll von ihr.“ Als ich an diesem Tag heimkam, musste ich zunächst meinen Mann darüber aufklären, was mit „Bobbel“ gemeint war. Nämlich ein Knäuel Wolle.

Es dauerte nicht lange und wir waren uns einig, dass wenn wir helfen werden, dann dieser Frau. Das habe ich ihr dann auch unmittelbar mitgeteilt.

Mara war glücklich, aber skeptisch, dass alles klappen würde. Gesagt, getan, alles wurde organisiert. Wir fanden eine Wohnung für sie, organisierten den Umzug und halfen ihr bei dem größten Übel, dem Streit mit ihrer Vermieterin.

Die Nachbarn hatten sie bereits gewarnt, dass bisher niemand dort ohne anwaltliche Hilfe ausgezogen wäre. Wir hätten uns auch nicht gedacht, dass es so etwas gibt. Leider mussten wir uns eines Besseren belehren lassen. Ihre Vermieterin zeigte nach und nach ihr wahres Gesicht. Nach ihrem Verhalten war sie scheinbar eine sehr unzufriedene Frau.

Also gingen wir mit Mara schließlich zum Anwalt und sorgten dafür, dass Mara zu ihrem Recht kam. Sie hatte noch die Kaution und einen großen Teil der Nebenkosten zu erhalten und zwar von der gesamten Zeit, in der sie in dieser Wohnung gewohnt hatte. Für Mara war das wie ein Lottogewinn. Endlich bekam sie etwas zurück und ihr wurde nicht immer nur genommen.

Wir freuten uns mit ihr. Sie war in der Wohnung angekommen. In den nächsten Wochen wurde es um sie herum immer behaglicher. Es ging auf Weihnachten zu, und sie dekorierte alles liebevoll: ein Weihnachtsdorf in der einen Ecke, eine Krippe und ein Tannenbaum in der anderen. Ich freute mich immer, wenn ich bei ihr vorbei schaute und Neues entdeckte.

An manchen Tagen merkte ich ihr an, dass sie trotzdem unter dieser Zeit litt. In jedem Zimmer standen

Bilder ihrer Kinder. Mir fiel auf, dass sie ein schwarzweiß Bild aufgehängt hatte, umrahmt von kleinen Geweihen. Da ihr Vater Jäger war, fand sie das passend. Er hatte sie ja oft zur Jagd mitgenommen, als sie ein kleines Kind war. Als ich bei einer Tasse Kaffee dieses Bild genauer betrachte, habe ich das Gefühl, ihre Lebensgeschichte herauslesen zu können.
Ihr Vater und seine Frau waren darauf abgebildet. Daneben Mara und hinter ihr ihr Stiefbruder. Ihre Mutter saß fast kauernd hinter dem Vater, und man sah gerade noch ihr Gesicht. Mara wusste also, dass es ihr Vater war. Auch wenn das nie ausgesprochen wurde, hat sie es wohl immer gespürt.
Als ich sie auf das Bild anspreche, wirkt sie nachdenklich.
„Wie schlimm muss es für deine Mutter gewesen sein, immer nur in der zweiten Reihe zu stehen.“ Mara antwortet mir: „Bestimmt hat er ihre Hand hinter dem Rücken heimlich gehalten.“ Man könnte es vermuten, wenn man das Bild genauer betrachtet.
Wir sitzen noch eine ganze Weile zusammen und betrachten schweigend das Bild. Es wirkt zwar alles idyllisch, jedoch die Traurigkeit, die sich dahinter verbirgt, ist erkennbar.
Ich habe Mara ihr Tagebuch zurückgegeben. Sie kann wieder Neues schreiben, alles, was ihr im täglichen Leben passiert, ihre Gedanken, ihre Ängste, ihre Sorgen. Mittlerweile sind wir Freunde geworden. Mein

Mann und ich treffen uns am Heiligen Abend mit ihr auf eine Tasse Kaffee, nachdem sie mir gesagt hat, dass sie an diesem Abend alleine ist. Wir denken, niemand sollte an diesem Tag alleine sein und schon gar nicht Mara. Sie freut sich, will uns aber nicht zur Last fallen. Typisch für sie, sie hat immer gegeben, kann aber schlecht etwas annehmen. Wir tun das gerne; ich tue das gerne. Jeder könnte an ihrer Stelle stehen. Ich könnte an ihrer Stelle stehen und dann würde ich mir wünschen, ein Mensch wäre da, um mir die Einsamkeit zu nehmen. Mara gehört jetzt zu meinem Leben und ich habe ihr versprochen, dass ich sie nicht im Stich lasse.

Inhalt